パリから見た
被災の世紀

竹原 あき子

緑風出版

はじめに

原因さえまだわからない二〇一九年のノートルダム寺院の火災は、未来への警告だった。これから起こる世界の不幸の前触れだった。湧き上がるように空に昇る白い煙をあっけにとられながら眺め、頭によぎったのは、キリスト教徒だったニーチェの「神は死んだ」という一言だった。彼が死と表現したのは、ヨーロッパ文明の根底だったキリスト教の神が力を失い機能しなくなったことのようだ。キリスト教徒以外の群衆の胸の内でも、ありえないこと、神の死、いや尊いものの死、を思っただろう。

今、なぜ、と問いながら。

翌二〇二〇年一〇月、フランス政府は国民すべてにコロナ感染予防のための外出禁止命令をだす、という前代未聞の危険回避措置をとった。やっとマスクが市民の顔から消えかけた二〇二二年二月、ロシアはウクライナを爆撃する。そして二〇二三年にはイスラエルとパレスチナの紛争。火災にはじまりパンデミックそして紛争と終わりを知らない不幸は、ヨーロッパから世界の隅々に不安の種をま

ノートルダム寺院火災前日の内部、土産物コーナー

きちらす。

本書「被災の世紀」は、「ノートルダム寺院の被災」に始まり「ベトナム難民」に終わる。それは二〇一九年から二〇二三年まで、フランスで見聞きした被災の記録でもある。だったら日本は、日本の若者は、と問いながら。

目次

パリから見た被災の世紀

1

ノートルダム炎上

1　その日、二〇一九年四月一五日

パリで聞こえるヘリコプターの音は事件発生のサイン。低空の飛行は禁止だが、高く飛ぶ旅客機音もほとんど聞こえないのが常だ。だがある日の夕刻、帰宅途中の路上で異常な音に気づき、アパートに駆け登ってテレビをつけると、ノートルダム寺院が燃えている、とアナウンス。ヘリコプターの音がまもなく消え、アパートを飛び出し、セーヌ川の岸から寺院の後姿を望む橋まで三分。ノートルダム寺院から白い煙が高く東から西に、ゆっくりとたなびいていた。映画の一場面とすれば、どこかに撮影班がいるにちがいない、と見渡してもどこにもそれらしき姿はない。だが本当に燃えているとは思えなかった。炎がみえない。一時間後にも揺らめく炎は顔をださなかった。

報道陣も市民の姿もまばらだった。近隣の住人だけが、静かに一言も発せず食い入るように直立不動で煙に見入る。石が燃えるなんて想像できない。ましてやノートルダム寺院だ。この不思議に戸惑った。不可解な煙はおしゃべり好きのパリ住民を黙らせた。だれもが無言で佇んでいた。

消防車のサイレンの音もなく、白い煙だけが静寂の中にたなびく。永遠に続くのではないかと思われ、不気味な静けさの中で煙はさらに太さと長さを増す。

テレビ局、カメラマン、ジャーナリストなどが押し寄せるまでに三〇分はかかっただろう。みなおし黙って、静かにただ煙の行方を追うだけだった。本当に火災だろうか。炎も消火の水も見えない。

突然、黒い煙が中心から湧き上がった。白い煙は黒の煙を取り巻きながらゆれ、上方にますます太くなり、やはり東から西にとゆっくりと形をかえてたなびく。

ほぼ一時間後、スマホを手にした隣の男性が「倒れた」と一言。彼は寺院の尖塔が崩れ落ちる瞬間を報道画面で見たのだ。世界を驚かせたその尖塔倒壊のシーンは、厚い煙に妨げられて、寺院に近い全ての通りや広場からはみえなかった。東側の細い通りに面する位置に陣取ったカメラマンだけが、崩壊の瞬間を最初から最後まで歴史に残した。ほとんどの報道班は寺院の姿が美しく見える橋近くに陣取っていたから、歴史的なシーンを逃した。とはいえかなりの遠距離からだったら尖塔の倒壊は見えたようだ。

ノートルダム寺院の屋根内部は木材構造だった。

後でわかったが、煙が白いのは水分が多いからだという。というのは、寺院内の屋根は大きな森とも言われ、木材オーク五〇〇トンを切り出し、日本の古民家でよく見る棟木と垂木の構造に近い空間をつくっていた。大木の迷路ではないか、と思わせる構造の木材すべてが延焼するには長い時間がかかった。最初に水分を含んだ白い

橋に佇む市民、2019 年火災当初 .

ノートルダム寺院火災初期

ノートルダム寺院が燃え落ちるまで……

尖塔にまで届かない放水

煙が立ち上り、水分がなくなり枯れた木材の煙は黒にかわり、やがて赤い炎にかわる。だから白い煙の後に黒い煙が登った。ノートルダム寺院の火災とは、木造屋根という乾燥した樹木の森が燃えたのだ。

2　暗かった寺院のなか

二〇一九年のノートルダム寺院前の広場は、おしよせる中国人観光客であふれかえり、長い列の果てに、入場に三〇分かかるのが常だった。だがなぜか、火災の前日パンを買いに行ったついでに広場を横切ると、いつもの賑わいはなく、久々に寺院に入る気分になった。懺悔《ざんげ》の部屋が近代化してガラス貼りになった、と噂を聞いたからだ。切符販売の窓口くらいの穴が空いているだけの懺悔の窓は、神父も市民も互いに顔を合わすことなく、いかにも秘密を守るという風情だったというのに、一体どんな思惑があって透明の仕切りにしたのか。透明にどんな宗教的な意味があったのだろうか、と。

内部はいつもより暗く、足元がやっと見えるだけ。視力の衰えを恨みながら進むと、内部の照明がいくつか消えていた。いまだ明らかではないが、今思えば電気系統に不具合があったのでは。

事件後の調査記録では、「二〇一九年四月一五日の火災発生時、寺院尖塔部分の改修がはじまり、尖塔の周りを鉄パイプで網の目のように覆ったばかり。改修のための寺院内部にいた事務員は、火災警報がなっても、いつもの誤報だと判断し消防に連絡を怠った。機器が老朽化し、たびたび誤報があったからだ」とある。

寺院の後ろ側の市民は、白と黒の煙のベールごしに炎をみていたが、一時間たっても消火の水は姿を見せなかった。尖塔が倒壊したのは一九時五〇分ころだった。おおかたの部分の鎮火は発火から九時間後の翌一六日早朝だった。その間、炎は屋根のほとんど全てを焼き尽くした。

火災があった当日の夜、書店の棚から「ノートルダム・ド・パリ」（初版一八三一年）が消えたという。なぜなら、寺院が炎に包まれる、というこの災害を予告するようなシーンが小説に描かれていたからだった。作家ヴィクトル・ユーゴーはこの日に改めて国民の注目をあびた。

3　高層ビル建築禁止のパリ

セーヌ川という水脈がすぐ脇にありながらなぜか川からの取水がないのも市民の不思議だった。理由は島の路面の消火栓から取った水は消防車のホース先端から吹き出ても、寺院の壁の高さまでしか届かず、炎に太刀打ちできないからだった。ましてや燃え盛る尖塔の九一メートルの高さに水は届かなかった。

翌朝、クレーン車のバゲットに、消火ホースを持った消防士が乗り込んだ。はじめて炎の高さから放水が始まり、やがて鎮火した。ノートルダム寺院のあるシテ島の後ろにサンルイ島がある。その狭い路面を数十本の湿ったホースが水をたらしながら並んで横たわっている。昨夜の活躍の後のしばしの休息のように。

この悲劇を知ったドナルド・トランプ元米大統領は、マクロン大統領にツイートで火災は「見るに耐えない。水のタンクを飛ばしたらどうか」と消防用飛行艇で空中消火を提案した。だが、フランスの消防当局は、「とんでもない、石でできた建築は水と火災に強いが、振動には弱い」と反論。だから飛行機での消火には目もくれなかった。地上からの放水だけが消火の手段だった。

もしも、消防用飛行艇で消火していたら、熱ですでに強度が落ちていた寺院の壁も崩れ、八〇〇年の歴史は瓦礫になっていたはずだ。

寺院のあるパリの歴史的な地域（高層ビル建築禁止）のアパートはせいぜい高さ二〇メートル前後だから、消防署はアパートの火災への備えはあったが、まさか九一メートルある寺院が炎上するとは、想像さえしなかっただろう（一九七七年にパリ中心部のアパートは最高でも三七ｍに制限され、それも再開発区域だけに限られている）。

八〇〇年間パリを見下ろしてきたノートルダムは、尖塔と屋根は崩落したが、石でできた聖堂の壁構造と二つの鐘楼だけは残った。完全な鎮火は出火から一五時間後だった。

4　3・11と9・11：二つの追悼式はノートルダム寺院で

3・11福島の悲劇を追悼する式典（一年後の二〇一二年三月九日）もまたノートルダム寺院だった。その日の記憶がよみがえる。

儀式には早めに入場したが、人で埋まった場内をかき分けるのは大変だった。だが日本人と分かるとフランス人は、前に前にと押し出してくれ、最前列から三番目の列で、筆者の腕を引きながら、席から腰を浮かせて椅子に滑り込ませてくれた婦人には感謝の言葉もない。

福島はフランス人にとっても衝撃的な災害だった。地震当初の報道とその質が市民の心を打った。狭いサンルイ通りの両側の商店の人々から声がかかる。家族は大丈夫だったか、と。

ノートルダム寺院での大司教のミサは日本語の挨拶から始まった。というのは司教は日本に住んだことがあったからだ。ミサのために指揮者、佐藤裕に率いられた、日本の小学生から高校生のスーパーキッズ、オーケストラの子供たちの歌う童謡「うさぎおいし、かのやま」がひびいた瞬間に、思いは一挙に日本に飛んだ。ノートルダム寺院で響いて消えた山河と犠牲者への追悼の歌声は、日本語がわからないフランス人の心も打った。この日、ノートルダム寺院を訪れた誰の心にも忘れ難い思い出がつまっただろう。

消火は間に合わず。

セーヌの水は尖塔の高さにまではとどかない。

尖塔崩落のころ。

尖塔の高さから水をかけたが、次第に屋根すべてが焼け落ちた。

5　金持ちの文化競争

ノートルダム寺院再建寄金募集は、またたくまに大企業の広告塔になった。フランス高級ファッション（グッチ）のオーナー、ピノー家は、すぐさま一億ユーロ、これに対抗してアルノー一族（ルイ・ヴィトン）は二億ユーロ、化粧品（ロレアル）のベタンクール一族は一億ユーロ、彼らの慈善団体を経由してさらに一億ユーロ、と。

国民はそれを評価したが、あまりの高額に、労働組合はこれは税金のがれではないか、と反発した。というのはフランスは寄付金の六六％が税の控除になるからだ。

寄付金を集めるために税金控除の割合を引き上げようとする運動もあったが、企業はもちろん市民からの寄付は驚くほどの高額にのぼり、控除額引き上げ案は消えた。寄付金は火災があった二〇一九年に八億ユーロが集まった。サンルイ島の住民も負けていなかった。会議を開き、延焼する寺院の絵葉書をつくり、寄付のお願いをした。店頭でお客様へのお願いだったが、ついに島民は街頭にでた。

この修復に新たな展開があった。建物だけではない、寺院の廻りの公園に地球温暖化に歯止めをかけるのに役立つ乾燥に強い緑を多く植え、正面広場の地下にあった駐車場を市民が散歩し集う空間にしようというのだ。

ベルギーの環境建築家Bas Smetsが率いるチームのスローガンは、アクセシビリティとビジターエクスペリエンス、つまり市民が訪れやすく、そこでの経験がゆたかになること、だった。地下の窓越にセーヌの水を眼の位置で眺めながら歩く、珍しい遊歩道ができる。セーヌ川沿いの土手のように見える壁に窓ができるからだ。

猛暑日に寺院の広い前庭のすべてに深さ約一・三センチの水を溜め、空気温度を下げる。装置の水は雨水で。もちろんパリ市庁舎の前にあるような噴水も計画中だ。火災をきっかけにノートルダム寺院を市民憩いの場にする、観光客の発見の場が完成するのは二〇二七年の予定。

ノートルダム寺院修復予算は一一二〇億円だった、だが寄付は一三五三億円。ありあまる予算だが、その使い道は、建造物の内外を超えて寺院を囲む環境にいたる。火災という被災が、寺院の新たな発見の喜びに近づく日はちかい。

ノートルダム寺院復旧作業はほぼ順調のようだ。二〇二四年パリ・オリンピックにむけて八割復旧をめざし、二〇二四年一二月のクリスマスには最初のミサを行なう予定だ。

6　建築家とアマチュアが挑んだ再建案とAR（拡張現実）展

豪雨のように、パリ市の当局に降り注いだ寺院再建案の数はすさまじいものだった。専門家からアマチュアまで、素朴なスケッチからバーチャルな立体イメージまで、ネットに公開され沈みがちだっ

Musée de
l'Assistance Publique
ILE ST LOUIS

ノートルダム寺院修復（2023 年）

ノートルダム寺院修復（2023 年）。再建の資材は、このセーヌ河川に泊まる船から直接工事現場に。まるで中世のように。

「拡張現実展」でタブレットを操作する女性

ノートルダム寺院での「拡張現実展」

た市民の大きな話題となった。その騒ぎの数カ月後にマクロン大統領は「火災以前に復元」を表明し、またとないチャンスと新しい計画案を練っていた有名建築家の夢を砕いた。フランス革命で荒廃していたノートルダム寺院を一九世紀に修復し、失われていた尖塔の復元で以前よりも一〇メートル高くしたのは、ヴィオレル・デュックだったが、二一世紀には後世に名前を残す建築家は生まれなかった。

それから間もなく、パリ五区のコレージュ・デ・ベルナルダン（Le Collège des Bernardins、中世の神学校だった）でノートルダム寺院八五〇年の歴史、火災と消火、そして再建についての展覧会があった。

展覧会参加者はＡＲ（拡張現実）を堪能した。一人一人にHistovery（ヒストヴェリー）と呼ぶタブレットが配られ、展示コーナーごとに掲げてあるテーマをタブレットでスキャンすると、タブレットにテーマの画像、動画があらわれる。例えば火災当日の消防活動の映像、一二世紀建造当時の石と土木工事の図面や動画、フランス革命当時の廃墟、ヴィオレル・デュック改修の始まり、など。会場は床に車座に座り込んだ学生がタブレットを操作しながら、議論していた。テーマの時代と場所、登場人物などを変えながら物語る、というこれからが楽しみな新しい展示の方式だった。拡張現実という新たな手法で情報を個別に拾うことが出来る展示手法は、二〇一三年に試みられたが、この災害がなかったら、これほど迅速に世界にその存在をひろめることはできなかっただろう。

うれしいことにこの展示は無料だった。企画にはロレアルという化粧品会社がスポンサーとなりフランス文化を支えていた。

7 思い出が被災した

ノートルダム寺院炎上はフランス市民にとってのショックだった。カトリック信者の多い国だが、宗教的な意味ではなく、ゴシックという優れた建築様式を作り上げた技術の塊がフランスの誇りだったからだ。しかもこの寺院が王室とあまり関係がなく、革命後の共和制の権力を示す劇場となり、なおヴィクトル・ユーゴーが、一八三一年にめずらしくジプシーの少女と鐘つき傴僂男《せむし》を小説「ノートルダム・ド・パリ」で描き、この大聖堂を市民にとって身近な存在にしたからでもある。しかも第二次世界大戦の勝利を祝う式典に、そしてドゴール、ポンピドー、ミッテラン大統領国葬の会場となり、国民にとっての象徴的な存在でもあった。福島の惨事追悼儀式をおこなった寺院だったことも、火災は日本人の心を騒がせた。

多くのゴシック建造物の中でこれほど親しまれた寺院はなく、訪れる観光客の数もルーブル美術館を抜き年一千万人を数え、フランス人にも、訪れた観光客にもこの炎上は耐えがたかった。炎上は、この寺院との思い出にとっても堪えがたい被災なのだ。

2

フランス：原発被災、福島

1　大江健三郎、反原発行脚をパリで

パリで書籍の見本市、「サロン・ド・リーブル」（リーブル・パリ）が毎年開かれる。世界中から一二〇〇社以上の出版社が売り込みと買い付けのために訪れ、一般市民の参加もある本好きのフランスらしい催しだ。漫画がフランス人の心を捉えてから漫画のコーナーと漫画家のサイン会がにぎわう。日本語からフランス語に翻訳されるフランス語に翻訳される本は多い。とはいえ翻訳は英語→フランス語が一位だが、次いで日本語→フランス語が二番目だ。なぜ二位かといえば、翻訳一〇冊のうち九冊が漫画だからだ。

年ごとにテーマ国の作家と作品にスポットライトがあたり、作家が招かれサイン会がある。行列をつくって並ぶファンを前に、日本の漫画家もサインに忙しい。

二〇一二年、第三二回のテーマ国はロシアだったが、突然日本が特別招待国になった。福島を悼んでの企画だった。招かれた日本人作家は「広島ノート」でフランスにもファンが多い大江健三郎だった。

大江健三郎は「もう一度原発が破裂したら、日本人は生きてゆけない」と事故後に日本では二基を除いて原発が停止していると紹介し、「破滅から身を守るためには、活動していない原発を動かさないことだ。危機を認め、根本的なモラルを持たなければならない」と強調した。「広島ノート」で原子力と放射能の危険、そしてそれを操作してきた企業と政治とのかかわりを懇切ていねいに解説した作家は、福島の被爆者と広島の被爆者の苦悩を重ね、「五〇年前、私は原爆は既に終わった歴史だと思

っていたが、被ばくの問題は終わっていなかった。今、福島で起こっていることは四十年後に顕在化する」と、これからやって来るかもしれない危機をほのめかした。

丸い演壇をとり囲んで三百人以上の参加者に囲まれた大江健三郎は、良く通る優しい語り口で、二つの重なる放射能被害と被害者へのメッセージを参加者に届けた。サルトル、ユーゴー、ランボー、カミュなどフランスの文学者への称賛を語り、なお「ペ（平和）paix」というフランス語が一番好きな言葉とうちあけて講演を終え、壇上から階段を下りながら「良くおいでくださいました」と言って手をさしのべ、偶然にも著者が握手したその手は大きく、厚く、暖かかった。

書籍のサロン「サロン・ド・リーブル」で大江健三郎の講演があった三月一五日は、ミッテラン大統領の甥であるフレデリック・ミッテラン（当時の文化大臣）が開会式を取り仕切った記念すべき日だったが、その直前一一日に大江は被災地だった郡山市での反原発集会で「連帯のあいさつ」をしている。パリは、疲れをしらない反原発行脚の一里塚だった。そのかけがえのない人材は二〇二三年、日本の原発回帰を危惧しながら亡き人となった。

大江健三郎の疑念の晴れることはないだろう。二〇二三年一〇月現在、日本の稼働可能な原発は三三基あり、うち一二基が再稼働し、東電と日本政府は原子力発電から再生可能エネルギーへの転換に邁進する姿はみせない。

ところがドイツは二〇二三年四月一五日に最後の三基の発電を停止した。反対もあったが、元首相メルケルは福島の惨劇を知った一カ月後に、原子力発電所の運転全面停止を国民に知らせたのだ。全面停止予定は二〇二二年だった。ところがウクライナの戦火で、ドイツに送られてくる電力に不安が

ノートルダム寺院での福島被災追悼コンサート（2013 年 3 月 9 日）

あり、一年遅れの実行となったが、遅れこそすれ、再生可能エネルギー転換への道筋となると研究は急ピッチだ。確かにドイツの電力は国内だけのクリーンなエネルギー源だけでまかなっているのではない。火力もあり、ポーランドから原子力エネルギーの導入もある。国外からだったらいいのか、との声は大きいがヨーロッパ諸国の電力網は、不足を補う発電所を選べない仕組みになっている。

2　静寂だった被災から一年の福島

浅野さんと四時間

浅野弘一さんは被災の七年後に亡くなった。病は癌だった。原因は明らかなのに国家は、東電は、何の補償もしなかった。

福島県の建設にかかわる業務を終える定年まじかの、二〇一一年三月一一日に悲劇は起こった。退職後の楽しみの全てを投げ出して、被災者のための仮設住宅の建築現場を駆け巡った男性だった。その浅野さんに四時間、福島駅から双葉町のちかくまで車で被災地を案内していただいた。

運転台のガイガーカウンターを見せ、ここから音が聞こえたら、放射能の線量が人体にとって危険区域に入ったことがわかります、と。車が福島駅から三〇分も行かないうちにガイガーカウンターの音が響きはじめ、しばらくすると音が消え、また音が響く。曲がりくねる道筋は危険区域とそうではない区域とを交互にくりかえした。「丘の裾をめぐる曲がった道ですから、放射線は均一には広がらなかったのです。樹木がある付近のほうが数値が高いのは、路面や家屋だったら洗い流せますが、樹木や草はそうはいかないからです」。浅野さんは放射能除染の難しさを語る。

水車がゆっくり廻っているのどかな風景を、というより、水の音、風の音など自然がくりだす音以外はなにも耳に届かない静けさは不気味だった。青空、森、畑、林、小川、水車、あぜ道、堤防、自然の美しさの全てを満たした風景が静かであればあるほど、見えず、聞こえず、匂わず、正体をみせない放射能の不気味さが増す。本当にここは汚染されているのか、と。舗装された道路で行き交うのは発電所に通う工事の車だけ。

第一発電所にむかう道を遮る柵を迂回して、車は高台に登り、そこで休むことにした。小さな喫茶店が営業中だった。地元の若者が数人、コーヒーを飲んでいる。彼らもガイガーカウンターを腰につけていた。「不安じゃありませんか」と尋ねると、「気にしてたら生きていけません」、が彼らの答えだった。明るい表情にどこか安堵したが、だからといって彼らが安全な仕事についているわけではない。

喫茶店を出て、双葉駅を遠くからながめながら、情けないことに足がすくんで車から降りることができなくなった。美しい風景と、テレビで放映された黒い津波の押し寄せた風景との落差に恐怖が増した。

浅野さんは、仮設住宅の全てを建設し終わり、晴れて休暇をとったが、しばらくして体調を崩し愛する猫と戯れる様子や、好きな登山風景などをメイルで送ってくれた。その後、癌と闘う入院生活が始まり、病院から毎日友人宛に食事の写真が届いた。うらやましい献立だった。

汚染された地域の仮設住居建築の指導をし、自らの屋敷に降り注いだ汚染灰を黒い袋につめ、真黒な袋で庭がほとんど見えなくなるまで、という日々をすごすなかで、体内へ内部被爆があったと考えるのは当然だ。だが東電の補償はなかった。

3　情報はなぜフランスに？

二〇一一年三月一一日。それは大学の卒業式に間に合うようにパリから帰国する一日前だった。エアーフランスから電話があり、搭乗予定機は五時間早く出発することになったから、それに間に合うようにおでかけください、と。予約便をキャンセルしても料金はいただきません。数カ月後の変更でもいい、と驚くべき知らせだった。

前日までテレビ画面を圧倒した津波の光景以上に、フランスのメディアが強調したのは、爆発した原子炉だった。一号機から二、三、と福島原発の発電装置の全ての図面、構造断面図まで見せながら、その仕組みと放射能の危険を訴えた。これほど詳しい福島原発の資料がフランスの原子力委員会にあるのは不思議だったが、彼らがその全てを熟知していたのには、理由があった。

『モナリザと原発大国フランス』（緑風出版、二〇一三年）を書く発端はこのテレビの映像だった。なぜフランスにこれほど詳細極まる日本の福島原発の資料がそろっているのか、を知りたかった。

というのは、石油枯渇に驚いた田中角栄首相（当時）がイギリス、ドイツ、フランスに石油の輸出を懇願したが、イギリス、ドイツからは色よい返事がなく、最後のフランスでの思わぬ提案を受け入れてしまったのだ。それは石油にかわる今後のエネルギー源は原子力発電。だからそのエネルギー源をフランスから購入しないか、だった。それまで燃料のウラニウムはアメリカから買っていた。当然アメリカが設計し、アメリカに運転のノーハウがあり、ターンキー方式で購入した日本の原発は、アメリカに全てを依存していた。だがアメリカに何の相談もなく原子力エネルギー源をフランスから買った田中角栄に怒ったアメリカは、ロッキード秘密情報を日本側にばらし、田中元首相は逮捕され、有罪となった。

ドゴール元大統領は、ポンピドー元首相を介してウラニウムを購入すれば、門外不出のモナリザを日本にお貸ししましょう、と。田中首相は甘い水に乗った。モナリザの展示は日本中を沸かせたが、それが電気のエネルギーの代償だったとは、国民はだれひとりとして知らなかった。

福島原発で爆発した原子炉で使っていた核燃料は、ウラニウムとプルトニウムからなるＭＯＸ燃料だった。プルトニウムはウラニウムより強力な放射能をだし毒性も極めて強く、そのエネルギーの半減期は、ウラニウムより長く、およそ二万四〇〇〇年という危険性があったのだ。だから、原子力発電所爆発後の危険を日本の現場よりフランスのほうが正確に分かっていたはずだ。原発由来のプルトニウムは原発正門前（原子炉から約〇・八八km）で確認されている（調査：東京大学大学院総合文化研究科）。

ウラニウムとプルトニウムの両方を使った効率のいいプルサーマル発電の指導的な立場にあったフランスは、福島からの使用済み燃料の再加工の当事者であり、二〇一〇年に県知事は安全に注意しながら、プルサーマルを開始したいと宣言している。だからこそフランスの原子力委員会は、大地震があった当初から危機感を増していた。

4　危険を知っていたエアーフランス

エアーフランスがなぜ五時間前倒しのフライトになったたか、の理由がここにあった。危険きわまりない日本の成田空港に、フランス人の乗務員を着陸させてはならない。機体と乗務員をソウルで降ろし、フランスにとんぼ返りする。日本人乗客は大韓航空で成田へ届け、フランス人乗務員の安全を計った。

成田空港は汚染されていた。事故当日の風の動きを記録するアメリカの資料を、日本は入手できなかった。必要と判断しなかったからだろうが、フランスは、風の向き、つまり放射能が風と雲にのって、どのように移動したかを追跡し、当日は北方（福島の住民が避難した方角）へ、そして翌日の雨雲とともに南へ、おそらく神戸付近まで放射能を含む雨が降ったはず、と判断した。東京にあるフランス人学校にミネラルウォーターを届け、日本に滞在していたフランス人全員の帰国を援助する無料の航空機を関西空港から出発させる、という手はずを整えた。日本では首都圏にまで届いていた放射能汚染の危険が知らされることはなかった。

五時間前に出発した航空機は閑散としていた。乗客は日本人だけ。水平飛行に入ったころ、アナウンスは、いきなり皆様のご登乗になった機体は成田ではなくソウルに着陸します。大韓航空に乗り換えていただき、成田までまいります、と通告した。なぜ、と乗務員に聞いたら、迷惑げな表情で成田が放射能で汚染されているからです。つまり、意地悪な表現だがフランス航空に雇われた乗務員だけは汚染地域に入らないが、大韓航空の乗務員だったらいいだろう、と。

空席が多かった機内から出て、成田の風景に唖然とした。電灯の照明で明るかったのだ。それはバスが東京に着くまで続いた。きわめつきは、都心のビルだった。東京のビジネス界は、煌々とあかりをつけたまま、まるで節電の号令が届いていなかったように。

5　フランステレビ班の驚き：婦人の買物

福島原発事故のフランスでの報道で、後々まで語りつがれるシーンがあった。というのは、日本国内のメディアは記者やカメラマンの被曝を懸念して、現場に入ることを禁止したが、フランスの記者達は現場に立った。

中でもフランス人記者が出会った一人の婦人の姿は感動的だった。被災した住人の姿はもちろんのこと、ほとんどだれも居なくなった小さな町の、真っ暗なコンビニエンスをテレビ班は偶然みつけた。一人の婦人がいくつかの商品を棚からとりだし、それをカゴに入れ、財布からお金を出して、そーっと、何もなかったかのように店員がいないレジの机の上に並べて店を後にした。

全員避難勧告がでた地域だったからだ。それでも、残った住民がとった行動はあまりにも普段どおりだった。

このシーンの放映は、解説がなくても、フランスの国民に日本を見せた。というのはフランスだったら、誰もいない店舗であれば疑いなく、略奪にあい、商品はすべて無くなる。

フランスの普段のデモでさえ、店員がいてもコンビニエンスから酒、たばこ、そして高級な商品はあっという間に強奪されるのは日常の風景だ。デモ予告だけで商店はシャッターを下ろす。だからこそ、この婦人のモラルの高さは驚きの目でとらえられた。

6　三宅一生：最後のファッションショー

二〇一〇年、パリコレではなく、床から立体が立ち上がる不思議な仕掛けの最後のミヤケ・ファッションショーは、それほど広くないパリ左岸ギャラリー・クレオ（Gallery kreo）を会場に、三日間にわたって行われた。会場では、「再生・再創」をテーマに、折り紙の立体造形を思わせる衣服や照明作品などが披露され、不思議な折畳み「1325. ISSEY MIYAKE」ショーが静かに進行していた。布を手で持ち上げて形が見えはじめ、上に上にとのび、それが服とわかるのは体にまとった瞬間。ショーはときめきの連続の数十分だけだった。客席がない低いステージを取り囲むファンのため息とともにショーが終わった。イッセイ・ミヤケはフランスの元文化大臣だったジャック・ラングと一緒にステージを後にしながら、コンニチワと言って優しい笑顔で手をさしのべた。

土地の色が街の色に

三宅一生とジャック・ラングなどが住むアパートはだれもが憧れるマレ地区のシンボル、中庭が公園になっている「ヴォージュ広場」を囲むレンガのアパートだ。レンガ造りはパリではめずらしい。かつては王の広場とも呼ばれた公園だが、このレンガのアパートには歴代貴族、政治家などが住み、最も知られた人物はヴィクトール・ユーゴーだった。

ロンドンとパリの街の違いは、レンガ色かベージュ色かの差だろう。パリがレンガ造りの建築にならなかったのは、レンガに適した土が近くにない、という単純な理由からだ。パリは石灰岩の上にあるから石材には事欠かない。だから地下の色がそのまま地上に出た。ところがこの王の広場の主人公だったアンリ四世は、ロンドンに旅行し、レンガの美しさに憧れ、パリでもレンガ造りに執着した。

レンガの素材の粘土の上にあるロンドン、石という建材の上にできたパリ、粘土がないのにレンガにしなければならなかったパリ・ボージュ広場の建築家は、不足するレンガを補って、一部を石の壁の上に漆喰を塗り、茶色に塗装して、レンガを積んだようにへこみの白い線をいれた。近くによっても偽物とは思えないほどの出来だ。この苦心の館に、ジャック・ラングと三宅一生が住み、かつてはアーケイドの下にミヤケ・イッセイの店舗があった。この二人は、どこか面影が似ていた。顔だけではなく背格好も。

三宅一生が広島での被爆体験を公にすることはなかったが、ジャック・ラングには案内した広島で母親の死を語ったという。ラングはフランスの文化予算を国家予算の一%にまで押し上げ、ファッションやデザインなどを文化遺産にし、音楽、演劇、夜を楽しむ仕掛け、オープンドア（禁断の館の公開）など五感のすべてをアートとして見直し、国民を楽しませた文化人だ。イッセイ・ミヤケの仕事も、人間の起源をさぐりながら、一枚の布という素材から廃棄まで、そして切ることと纏うことの未来にむかい、ファッションの生涯を見据えた文化人だった。

世界のイッセイ・ミヤケは、一年生の時小学校で被爆し、四年生で骨膜炎を発症。ミヤケを看病した母は彼の病状が良くなって間もなく亡くなった、とインタビューに答えている。

被爆について沈黙していたミヤケがオバマ大統領に広島訪問を呼びかける手紙を書いたのはのは二〇〇九年だった。イッセイ・ミヤケを追悼するフランスの『ル・モンド』紙は、彼の生涯をかけたデザインを二〇世紀後半のモードを代表する、と語り、最期の展示会で彼が「何かをすることは、何かを考えさせること」という言葉を残した意味をわすれてはならない、と締めくくったのは二〇二二年八月だった。

7　カトリーヌ・ド・ヌーブおばさん

モナリザとカトリーヌ・ド・ヌーブ、どっちが美しいかとフランス人が話しあうほど、カトリーヌ・ド・ヌーブはフランス人好みの美人だ。たぐい稀な美人とは気がつかず彼女の姿を眺めていたことがあった。

場所はポンピドー文化センターの前庭の片隅に彫刻を乗せるためか、規制のためかよく分からない石の台が、並んでいる。ある日その台の上にいくつかの彫刻がならび、一つだけ何も置いてない台があった。空席の台は、ウィキリークス事件のアメリカでペンタゴン情報を盗んだジャーナリストの拘束反対に賛同する人間ならだれでも演説できる、という仕掛けだった。

一人の女性が台に立つ。すると周りからカメラマンやマイクを持った大勢の人があらわれて、取り囲む。誰、と聞けば、カトリーヌ・ド・ヌーブだよ、と。カーデガンにセーター、スカート、肩までの髪を横分けで、ちょっとそこまでお買い物の主婦の姿。取材班が殺到しなければ、通り過ぎるところだった。ごく普通のおばさん。もしかしたら、絶世美人ド・ヌーブのオバサン演技だったのかもしれない。友人は、いつもそうよ、自分の意見を率直にのべるのがド・ヌーブよ、と驚かなかった。

言論人だけではない。演劇、映画、芸術家であれば、社会に対して自分の意見を表明するのはフランス流。言論の自由をかたり、ミーツーを叫ぶ。カトリーヌ・ド・ヌーブは死刑法の撤廃のために、パリのアメリカ大使館に行き、難民問題にも積極的に発言する。ドイツの難民受け入れに「寛大な態度だわ。極右や反対する人々も大勢いる中で、とにかくよくやったと思うわ」と難民を気づかう社会派の女優だ。

カトリーヌ・ド・ヌーブのこんな姿は、七九歳にしてなおパリコレのディーオルのショーに若きマネキン達の横に並び、一歩も引かない抵抗の女性の美しさを見せる。

3

テロ対策と安全

1　テロは静かに、人質は神父

二〇一〇年代のフランスはテロにゆれた。イスラム過激派の行動が多かったが、気がつけば二度も現場近くにいた。テロが起こる場所は、人目につきやすい、話題性がある、有名な何かがある、メディアが飛びつきそうな場所だけ。誰もいない海や山、砂漠、などは標的にはならない。テロの目標の一つは騒ぎを大きくし、メディアの力を借りて彼らの存在と要求を国内外に知らせることであり、殺人そのものではない。

頻繁にパリ市民を悩ませたイスラム過激派のテロは二〇一五年に集中した。ノートルダム寺院の近くに駐車してあったトラックの荷台にガスボンベが積んであったのもテロのしわざだった。車のナンバープレートが外してあったのを見とがめられ、運良く爆破前に発覚したが、筆者がその近くを通ったのは警察官が通行人をとめる寸前だった。犯人は三名の女性だった。

ノートルダム寺院の近くの喫茶店でお茶を飲んでいるとヘリコプター音。事件発生を知らせる音に驚き二階の窓から外を眺めると、数十名の男女が駆け抜ける。しばらくして外にでれば、道路一杯に近くの教会からでてくる人の波。だがサイレンの音も警察官の影もなくなっていた。誰もが無口でなぜ大勢が走り抜けたかを語らない。現場を離れてしばらく歩いてはじめて警備員とすれちがい、何が起こっているのかがわかった。教会にテロリストが押し入り、神父を人質にして、拘束された仲間の解放を要求している、と。神父は無事解放された、と後で聞いた。

　サイレンの音が聞こえなかったのも、パトカーが駆けつけなかったのも、犯人を刺激しないためだった、と。静けさがフランステロ対策本部の人質救出のテクニックだった。

2　警察国家スイス。安全が観光資源

　大学の友人とスイスに旅をした。ジュネーブのホテルでパスポートをカウンターに預けた。同行の友人も同じようにパスポートをホテルにあずけて部屋に。翌朝チェックアウトをしようとしたら、なぜか友人だけがホテルの従業員に引き止められ、やがて警察官があらわれた。何事かと聞けば、彼女のパスポートに不審があったからだった。ホテルの書類に記入した名前とパスポートの名前が違う。彼女の言いわけは、離婚したばかりで、パスポートの名前の変更をする時間がなく、宿帳に記入した名前は結婚前のものだ、と。無事チェックアウトできたが、どうやって名前の違いを見つけたのか、宿の主人に聞いてみた。

　答えは、スイスは安全も観光の看板です。国外からの不審者の侵入をふせぐために、ホテルでは全てのパスポートチェックを夜間に警察官がする、と。

　世界で唯一の永世中立国スイス。とはいえ有事には国民皆兵にもなる訓練を怠らない国家だ。平和

と強力な軍隊とが共存する。というのは、つい最近まで国民皆兵だったが、軍事訓練と同時にライフル銃と弾薬は無料で支給され、訓練後に個人の持ち物になり、自宅に保管。これがスイスだ。なぜ自宅か、といえば、招集がかかれば現場に直行が原則だからだ。だから銃の手入れは各家庭で。ライフルを分解し、磨き、油を塗って、組み建て直す作業を、まるでレゴで遊ぶ子供のように暖炉の前で手を動かす友人にとって、こればかりは至福の時だ、と。スイスの隣とはいえバチカンを守る衛兵はスイス軍人だ。かつて勇猛果敢な兵隊としてスイスが各国に、利益を取って派遣していた時代の名残だという。

アルプスの山にジェット機の轟音が響いた。「これはスイス空軍ではないよ、アルプスの山並みをイスラエル軍の訓練飛行に賃貸しているんだ」、と、友人は言う。スイスの土地面積の半分しかないイスラエルに、山岳地帯訓練飛行を許可しているのも、スイスらしい。中立、平和、強力な軍隊が共存するスイスに、無駄にするものは何もない。

4
フランス政府のキャンペーンの知恵：恐怖

1　コロナを恐怖キャンペーンで

それは身の毛もよだつドキュメント番組から始まった。フランスの国営放送、F２は、病原体の正体がわからないまま、次から次にと病院のベッットから移動ベッットに移して死亡した人間を運び出す姿を映した。政府は来年五月から、市民の外出を禁止する、と予告した。その時点では病原菌は中国が原因とされていた。映像はフランスの北、アルザス地方にあるドイツとの国境にちかいコルマールの病院、二〇一九年一一月一六日の風景だった。

次々と死んでいく、不可解な病人の姿を映し、パンデミックの襲来をメディアは語り始めた。視聴者、いやフランス国民の恐怖を増すためだった。これがフランス政府のパンデミック対策だった。

2　コロナ一時間の冒険は紙一枚

二〇二〇年、三月一七日正午にフランス政府は国民に外出禁止令をだした。噂はあったが、まさか本当になるとはだれも信じなかった。だからだろう国民に慌てふためく雰囲気は全くなかった。二月一四日にコロナウイルスによる初めての犠牲者が出てから一カ月後の三月一四日には感染者四四九九人、死者九一人。三月二五日の感染者は二万五二三〇人、死者一三三一人と、感染拡大の深刻な状況を報道は力説した。

外出が許されるのは「テレワークができず必要不可欠な仕事のための自宅から職場への移動」、「許可された店舗での必需品の買い物」、「リモートができず緊急を要する診療と治療。長期的疾患患者の診察・治療」などだった。

ただし外出時には証明書の携帯が条件だった。フランス内務省のサイトからダウンロードした証明書に、外出時間、用件を書き込むだけ。

しばらくして証明書をスマートフォンにダウンロードしても良いことになった。違反には罰金一五〇〇ユーロ（約一八万円）。スマホの普及は進んでいるから、ほとんどがスマホで許可と思っていたが、紙での証明書もかなりの数だった。紙書類を選ぶ頻度が高かった理由は、スマホには許可申請のフォーマットを取り込んだ時間が刻印される。だが、紙の証明書だったら、二、三枚外出時間の違う証明書を次々と繰り出せば、外出許可願の枚数だけ外出時間が延びる。これほどの吉報はなかったが、閑散とした道路の散歩は喜びとはほど遠いものだった。外出は一時間で充分。

3　金持ちは避難：でなければ犬と散歩

初日から驚くことばかりだった。恐る恐るの外出のために、生ゴミをもって地上階のごみ捨て場のバケツを開けたら、底が見えた。誰一人として生ゴミを捨てなかったのだ。ということは一四戸のア

コロナ、だれもいないパリ市庁舎広場（2020年3月15日）

パートに筆者だけ取り残された。つまり、サンルイ島のアパートの住人のほとんどがパリから郊外あるいは、海、山にある別荘に引っ越し済みだった。だから島の細い路地の半分を占めていた車は一台もない。二〇年住んではじめて路面の全てが見えた。駐車が目障りどころか車のない路面はまるで表情のない人間のように見るに耐えなかった。なぜか道路と車は相性が良く、車は心地よい景観の一部だったのだ。迷惑なはずの車の横を通りすぎるのは喜びだったのかもしれない。

大通りとセーヌ川岸の路面では警察官が三人で監視していた。手招きされたら、まず証明書、そして手にもつ買い物をこれ見よがしに見せる。パンのバゲットや野菜など大きくて目に付きやすいものがいい。トイレットペーパーも効果満点だった。家から手にして外出すれば安全この上ない。三カ月間ほとんど問題はなかったが、一度だけセーヌ川で水浴びをする白鳥を見ようと岸まで降りたら、女性の警官に、「コロナで危険な時に白鳥など見て楽しむんじゃないよ」とすさまじい勢いで叱られた。すぐ家にかえれ、と。居合わせたもう一人の女性は気丈にも、ここは市民の憩いの場だ、なにがいけないと喧嘩ごし。頼もしい仲間だった。三カ月の外出禁止令、という退屈きわまりない暮らしだが、それなりに楽しむには工夫が必要だった。

犬の散歩にも一時間外出許可がでた。これほど身の回りに犬を飼う家庭があるのか、と驚くほど頻繁に犬と散歩する男性に出会う。不思議に思ったのは、前の日に出会った犬が、今日は別の主人に付き添って散歩している風景だった。同じ犬の主人が代わる理由を探ったら近くのペットショップの散歩レンタル犬だった。

コロナ、外出許可風景

マスク、消毒用品、などの売り上げに貢献したコロナだったが、急ごしらえの犬のレンタルショップもおおいに潤った。

お先にごめんなさい、お先にどうぞ、と他人に道を譲る仕草がフランス人の身に付いたのもコロナのおかげだった。それまでは、肩をゆらしながら他人を追い越していった。ましてや向かい合った瞬間に歩道から降りて道を譲るなど、考えられない行動だ。ところが三年間も感染の恐ろしさから至近距離を避ける動作が、礼儀にもちかい所作となり、笑顔でどうぞ、が普通になった。コンビニの店員でさえ笑顔で来客に接する。それまでだったら店員同士のおしゃべりを優先に、客への対応が遅れたというのに。

コロナという最悪の事態の置き土産は、

数多くの死者をだすという被災であったと同時に新たな礼儀の始まりでもあったのだ。

4 悲劇のトリアージュと医学研修生

コロナでフランス政府が国民に見せた恐怖の映像、と言うより戒めの映像は、後から思えばこれ以上感染防止効果がある広報活動はなかった。それは、死と直面する人間とその舞台装置との相乗効果だった。政府の方針を疑うことなく従順に聞く耳を持たないはずのフランス人が脅え、静かに、外出を自粛したのだから。

そんな映像の一つ、医学部インターンの学生の姿には心が締めつけられた。

不足する医者を補うために駆り出されたインターンの学生は、いきなり厳しい現場に放り込まれた。病室も看護の手も不足し、これ以上の患者を受け入れられなくなった病院側は、選別、トリアージュの決断をする。治療の効果があるか、治療しても快復の見込みはないか、が基準となる。

先輩の医者はインターンの学生に、「君たちにトリアージュをまかせるよ」と言いベットから離れた。インターンの一人は「僕は人の命を救うために医学を学んだのです。それが死者を選べとは我慢の限界です。医者になるのをあきらめます」と泣いた。

医者、看護婦などの人材不足だけではなく、マスクも防具も、薬も、全てが不足した。だから回復不可と診断された患者にモルヒネを注射して穏やかな最後を祈る、というトリアージュが始まる。だがそのモルヒネさえなくなり、窮地にたった医療機関は、地域の獣医から牛馬のためのモルヒネをもらうしかなかった。

コロナ初期のアルザス地方の悲惨な病院、患者の姿は、患者につきそうすべての人々の心を萎えさせた。この地でのコロナ蔓延は、新興宗教の集会で多くの信者が手をとりあいながら一晩一緒に過ごしたからだった。当然多くの国から信者があつまり、それゆえ菌を運び込み、拡散した、という。彼らの宿泊ホテルもまた被害に困窮した。

5　新幹線TGVが病院に：移動する野戦病院

患者が数多く発生する都市の病院でベットが不足しはじめ、車での移動も難しくなり、緊急の移動手段が提案された。それは新幹線TGVの列車を病院でありながら、なお移動手段にすることだった。二階建ての車両を「移動式野戦病院」に。上にベット四（椅子の上に固定したストレッチャー）と医療用具を置き八両編成で、大きめの都市の駅でICUが必要な患者を降ろした。それも提案からたった三日後には最初の新幹線病院が走り始めたという快挙だ。この手際の良さは、テロで負傷した市民を列車で移動する訓練が一年半前にあった、という不幸中の幸いだった。

この野戦病院列車は、フランスを越えて、ドイツ、スイス、ルクセンブルグへと脚を伸ばした。レールという渋滞のない移動手段だからこその移動だった。ドイツは特別に空軍機にベットをしつらえ、ドイツとの国境にあるコロナ患者の大量発生地にちかい北部ストラスブルグの街から南の都市病院に運ぶためだった。

テロという最悪の被害者を救う訓練で、コロナの被害者は救われた。

5

難民のパリ

1　同胞を介護

パリの街をあるけば、難民に出会わない日はない。歩道、橋の下、セーヌ川の河川敷、公園、広場の片隅、と。よく観察すれば、そこに袋を持ったオバサン達が時々顔をみせる。難民と同じ出身地のパリ住人、同胞が根気よくまわって食品あるいは薬品を置いて行く。彼らの会話は、愚痴というより故国の話が多い。助けあえば、先輩とおなじように、住民権はもとより、いつかフランス国籍だって、という希望だ。フランスの大都市で難民の人影が消えることはない。いやここ数年、難民の数は増すばかり。

難民となってパリにたどり着く道のりは、長くて多様だ。

2　アフガニスタンからパリの橋の下（フランス2、ラジオ番組二〇一〇年から）

たった一人の逃避行にマフィアの手はとどかない。一九八〇年代後半アフガニスタンからフランスまで、陸路の逃避行をしたのは、ソビエトの銃弾と、タリバンのテロに追われた青年だった。ソビエト側にもタリバン側にも組み入れられてたまるか、と。その青年のインタビュー番組を聞き、難民の処遇は受入国の手薄、あるいは人材不足に悩む防衛手段にも利用された、と気づいて唖然とした。

一九八〇年代、彼はタリバンに追われ、たった一人で目立たないように、荷物は持たず家を出た。

徒歩でカブールからヨーロッパを目指して。歩き疲れた後は、ガソリンスタンドでトラックを待つ。どんなトラックがいいかは、先輩から聞いていた。それはトラックの荷台の下、マフラーの近辺に小さなスペースがあるトラックだった。そのスペースに体を滑らせて差しこみ、トラックの発車を待ち、次のガソリンスタンドまでしがみつく。

停車と同時に、地上にころがり落ちる。ガソリンスタンドの店員は荷台の下から人間が落ちてくるのに顔ひとつ変えなかった。何人ものアフガニスタン人を同じようにして出迎えてきたからだ。従業員は何も言わずに指さす。そこにシャワーの絵文字。排ガスを頭からあびた彼は真っ黒。シャワーを浴び、コーヒーでしばらく暖まり、また次のトラックを待つ。多くのアフガニスタン青年が真っ黒に染まりながら、ヨーロッパを目指した。途中で落ちて亡くなることもある。だが、検問でトラックの荷台下や裏側まで調べることはなかったようだ。知りながら見逃すという暗黙のルールがあってもおかしくない。ガソリンスタンドのメンバーだって、同じ境遇だった親戚縁者がいたにちがいない。

パリにたどりついても宿泊費を払うゆとりも親戚もいない。橋の下が最高の安住の地だった。そこから余った食品を探しにパリのコンビニにでかけ、閉店を待つ。コンビニの期限切れ食品の山が並ぶ。これも普通の風景だ。なにも橋の下からの来客だけが、コンビニ裏門の食品に群がるのではない。食事に困る常連もやってくる。

時間と関係なく、まだ充分食べられる食品の詰まった冷蔵庫が大通りに並ぶこともある。住民が食べ残しをパッケージにつめて置いて行く仕組みだから、これは管理が必要になる。いや、コンビニエ

セーヌ河川敷、2022年ウクライナ難民テント

ンスの入口に並ぶ箱に、一箱余分に購入してください、とあり、賞味期限に心配ない缶詰め、乾燥したパスタ、などが集まる。フランスの都市部では、役所ではなくＮＰＯが、ありとあらゆる相互援助に駆け回る。もちろん団体としての認可が必要となり、その功績が認められて予算が配布される。

数カ月かかってパリの橋下生活になじんだころ、青年は神父の訪問を受けた。青年がこれまでの経過を話すと、「どうですフランスの軍隊に入りませんか」、と意外な誘い。「入隊すれば食事、宿舎、給料のすべてが保証されます。海外派遣に参加したらもっと条件はいい」、と。彼は寒い季節を前にして神父の誘いにうなずいた。派遣先はマリだった。フランス植民地だったが、当時は国際関係が複雑でテロも頻発していた。彼は五年勤務して帰国。その直後に軍隊の上司からの申し入れがショックだった。というのは、「再び五年勤務したら、君の功労に感謝してフランス国籍をあげよう」、と。彼は悩むまでもなく断り、アフガニスタン国籍を捨てなかった。

祖国を他民族の侵略から解放するために帰国するのが彼の目的だったからだ。国外にのがれ、難民のまま、今もなお帰国の日を待つ青年は多い。

フランス軍にリクルートされる難民、移民は多い。彼らの任務はアフリカなどにある元植民地への派遣だ。派遣先で亡くなれば、フランス政府は大統領臨席の葬儀をおこなう。その中継映像で亡くなった兵士の家族、母親の顔を隠すベールに心が悼む。最前線に配属されるのは、移民、難民からリクルートされた兵士が多かった。

3　アラブの春から始まった、命のスマホ

二〇一六年の春だった。フランスの報道番組は、ゆるゆると進む長い長い行列をテレビ画面で見せた。その行列の長さは先頭から後方にレンズを向けても終わりが見えないほど。

地中海を小型の船で渡って上陸し、そこから列車の駅まで、何日かかるか分からない道を歩く人の流れは途切れることはなかった。やがて駅。列車でヨーロッパ諸国へ。これが行列の目的地。めざす国はフランス、ドイツ、イギリスだった。北アフリカから、ヨーロッパを目指したシリア難民の多くは、トルコまで陸路で北上し、そこからギリシャの島までボートで、ギリシャ国内から陸路でバルカン半島をさらに北上し、やがて列車でヨーロッパの国に、と旅は長い。

その行列をつくる難民の右手にスマホがあった。一人残らず。もちろん大人だけだが。スマホが日常に欠かせないのは分かっていたが、こんな非常時に手に手にスマホがあるのは何故、と。間もなく彼らのスマホでの会話は家族への安否の報告だけでなく、頻繁な会話の話題は金額だった。つまり、難民の行列には、大きな組織、難民移動のためのマフィアが存在し、彼らの誘導、道案内、食事の提供、国際援助の受けかた、などの情報提供があって、難民は初めて目的地まで行き着く。テレビ放映は逐一その陸路の難民の行動を追い、A地点からB地点までの料金を払えばガイドつきで間違いなく約束の地点に着くことをわからせた。だが難民が現金を身につけて歩くのは危険。だからスマホで残

路上の難民。パリ・リボリ通り
（2023 月 8 月 15 日）

路上の難民テント。パリ・第六大学の近く（2023 月 8 月 19 日）

してきた家族や友人に支払いを依頼する。告げられた銀行口座への料金支払いが確認されて、マフィアの次のグループに引き継がれ次の地点までの護衛と引率がはじまる、という具合に、マフィアのリレーは難民が目的地につくまで繰り返される。スマホは彼らの命だった。スマホでの支払いは、互いに確実に安全に送金できる最適手段であり、道筋で金や宝石を強盗に襲われる恐れはない。文明の機器は難民逃避行の危険を回避する、という新たな任務についていた。

難民を運ぶ地中海をゆく船は時々難破し、数千人が海に消える。二〇一五年には海からヨーロッパに一〇〇万人以上が上陸し、その八割以上がギリシャ海岸経由だった。ギリシャ政府が他国より寛容で、彼らが出国するまで援助するから、マフィアにとってのヨーロッパ拠点だったのだ。

ヨーロッパ大陸の土を踏んだ彼らは、手引きをするマフィアの方針と支払い料金にもよるが、陸路で東欧の国の駅まで行き、そこから列車でヨーロッパのパリ、ブリュッセルなどの駅に行く。または、イギリスに渡る船の出る港までトラックで、次に船あるいは列車でイギリス（ユーロトンネルを徒歩ということもある）と道のりは長くて遠い。それはまだEUメンバーだった頃のイギリスには国境がなく、イギリスは不法移民の三五％に短期間の滞在許可を与え、週に五〇ユーロの手当てを支給し、その後はご自由に、と野放しにしたからだった。ユーロトンネルの入口があるパド・カレには、彼らが野宿する「ジャングル」と呼ばれる空地があり、その治安が問題だった。

その後再び、二〇一五年から二〇一六年に多くの難民がフランスとイギリスの国境に押し寄せたのは、EU離脱でビザなしでは入国できなくなる人々が増えるからだ。EU離脱後でもなお難民のイギリス志願は減らなかった。難民の多くがイギリスに家族あるいは知人、または自国民のコミュニティーがあることも理由の一つだ。これこそ最高の援助であり、時には手ぶらでイギリスに着いても問題がない。彼らは英語で生活することになるが、英語が彼らがつかう外国語のなかで最も身近な外国語だ。アフガニスタン、パキスタン、バングラデシュ、イラク、スーダンなどはかつてのイギリス植民地だった。イギリスの膨大な植民地支配が、いま難民となってイギリスに対処を迫る。だからといって強行に拒むことなく、寛容な受け入れをしてきたのも不思議だ。そこには不法滞在者でも仕事ができる、という現実があった。イギリスがEU脱退を表明して以来、優秀なエンジニアや職人が、いや修理や道路掃除人でさえ経済衰退を懸念して他のヨーロッパ諸国、あるいはアメリカへと逃れ、イギリスはその労働人口不足を補う難民が、労働者が必要になっていたからだった。そこに難民受け入れの基盤ができ、元植民地だった国の人々は再度命をかけて海を渡る。

4　難民は積荷：パド・カレからイギリスへ

フランス北方のパド・カレを車で案内をしてくれた友人のピエールさんは、元フランス国際海運会社のエンジン整備エンジニアだった。「あのトラックのプレートをご覧なさい、ほとんどがベルギーでしょ」。ベルギーナンバーが五、六台と連らなるトラックを指さし、「今日はベルギーの日」とささやく。トラックといっても普通の積荷ではなく、冷凍、冷蔵品を運ぶ形をしていた。イギリスの港に

セーヌ河畔難民支援団体のテント（2023 年 8 月 14 日）

難民個人の持ち物箱
(2023 年 8 月 19 日)

向かう船がアントワープに停泊する日は、難民を積んだトラックはアントワープに向かうのだ。

パド・カレの駅にはユーロスターが待っている。パド・カレから出国する難民はその列車にトラックの荷物となって乗り込む。ピエールさんが見せてくれた光景は、難民の不法入国手段と説明がなければ気がつかないほど、何の不思議もない風景だった。

どんな方法であれカレまでたどり着き、マフィアにロンドンまでの金の一部を渡す。マフィアは三人が一組だった。一人が両手を大きく開いてユーロスターに向かうトラックを停車させる。二人目が止まったトラックの後ろドアを開け難民を乗せる。三人目が料金（五〇〇ユーロ＝七万五〇〇〇円）を窓から運転手に渡す。三分とかからない。積荷の間に、いや積荷となった難民を乗せたトラックは、そのまま進みユーロスターの荷台に固定される。イギリスまで三〇分少々。

ロンドンに着いた難民は、駅を出ると、マフィアの出迎えがある。次の目的地の希望があれば、それも料金次第でかなう。うけいれる家族がすでにイギリスに住んでいれば苦労はないが、初めてのたった一人での逃避行は金次第。

トラックに乗り込む難民の路上での取り締まりは困難だ。眼の前に両手をあげている人がいれば運転手は当然トラックを停める。人道的にこれを咎める法律はない。後ろのドアが開いたか閉まったか、運転手が調べるわけはない。すべては窓からの金額で予定通りに、マフィアの手配通りに進行する。とはいえ、どの時点で、どのようにトラックの荷台に乗り込むか、はマフィアの計画次第。様々な方法があった。

パドカレのジャングル（2016年）

フランスの最北端、ベルギーと接する、パド・カレの農地に牧畜用の小屋を修繕して難民のための宿舎を造り、難民を収容しようと政府は試みたが、難民は木の切れ端、トタン等で小屋をつくり「ジャングル」生活を選ぶ。もちろん救援団体の援助で食べることに問題はないが、彼らが欲しかったのは自由。ことに行動の自由だった。用意された施設のまわりに柵があり、門限があるのを難民は好まなかった。

カレの「ジャングル」は一九九一年のソビエト連邦崩壊がきっかけになってはじまったビザなしで不法にイギリスに渡ろうとする移民希望者、あるいは難民の隠れ場所だ。だから初期にはスロバキアとセルビアの紛争の結果フランスまでたどり着き、イギリスを目ざした民族の安息の庭でもあった。

二〇〇〇年ころからは、スーダン、アフガニスタン、シリア、イラク、イラン、エチオピアからの人びとも加わった。この「ジャングル」に二〇一六年には九〇〇〇人が生活していた、という。列車でイギリス入国のパスポートとチェックが、この地、パド・カレのコケルにあり、チェックが厳しくなった二〇〇五年に難民数は四〇〇人まで減ったが、その後にすぐ増えた。例えば、イギリスの『ザ・デイリー・テレグラフ』によれば、二〇一五年六月は三〇〇〇人だったが、トルコ経由で一〇月には五五〇〇人から六〇〇〇人に増えた。筆者が遭遇した三人一組のトラック積荷方式は、この二〇一六年のことだった。

最悪だった二〇一六年の四月に四五〇〇だったのが八月に九〇〇〇人に。援助組織は九〇〇〇食を用意したが、月末には一万人にまで膨れ上がった。政府はこれ以上の人数を一カ所に留まらせるのは危険だ、と難民をフランス各地に分配することに決定した。

とはいえ、ジャングルから強制的に地方都市の援助施設に分配したとしても、そこに定住するはずがない。カレのジャングル解体は、即座にパリでテントでの生活者の増加をまねいた。数日の間に数千人がカレからパリに移動した。政府はそれでも一カ所に集中しないように、パリ近郊の数カ所に移民難民を振り分けた。

5　イギリスまでの片道料金：マフィアの請求書

フランスの日刊紙、『リベラシオン』はアルバニア系マフィアの検挙を報じた。アルバニア人二人とフランス人女性の二人だった。彼らは二カ月半の間に二五五人をトラックに隠してイギリスに送り、二〇〇万ユーロ（約二億八〇〇〇万円）を稼いだ。出発前の宿泊から英国到着まで引き受け、一人六〇〇〇万～一万ユーロ（約一〇〇〇万円）を請求した（難民の総数は三二〇〇万人、『リベラシオン』紙、二〇二三年八月一八日）。

6　アジア難民、カンボジア難民はポル・ポトから逃れて

一九七〇年、カンボジアの親米ロン・ノル政権は元首シハヌークをクーデターで追放し、シハヌークは中国の支援で亡命、「カンプチア王国民族連合政府」を結成し、カンボジアは内戦になった。シハヌークが頼った共産クメール・ルージュ（ポル・ポト派）は、米軍がインドシナ撤退とベトナム戦争の終結を目前にした一九七五年にプノンペンに侵攻し、カンボジアは悪夢のポル・ポト時代をむかえることになる。

アメリカ軍が爆撃する！　危険だから近くの森に非難を！　と拡声器から流れる声にうながされて、プノンペン市民は荷物一つで家をでた。数日しても迎えはこない。不思議に思った住民がプノンペンに戻ると異常な光景が展開していた。略奪と抵抗する市民の処刑。あまりのことに市民はプノンペンから脱出するしかなかった。それは北ベトナムから南ベトナムの解放民族戦線（ベトコン）を支援するホーチーミン・ルートが、カンボジアを経由し、そのルートを断とうと、アメリカ軍がカンボジアに侵攻し爆撃の危険がせまったのがきっかけになった脱出だ。アメリカが参戦してにわかにカンボジ

アの混乱は増した。

7　リーさんの逃避行

パリの空港からリーさんが運転するタクシーでパリ市内まで。その人柄が気に入り、ここ二〇年パリではリーさんの車を呼ぶ。彼のカンボジアからパリへの壮絶な逃避行を語る句調には誇らしささえあった。

プノンペン脱出直前に避難先の森で、リーさんの祖父と祖母が、「体力がないから私たちは残る。おまえ達は生き残れ」。脱出にはお金がいるからと祖父はお気に入りの腕時計オメガとロレックスを彼に持たせた。祖母は、懐から小粒のエメラルドとルビーをとりだして手の平にのせ、きっと役に立つよ、と。この餞別を懐に東にむかってリーさんは歩き始めた。もちろん多くの友人と一緒に。まだサイゴン陥落直前の隣国ベトナムの状況を肌にかんじながら、一九歳のエンジニアだった彼はベトナム難民と同じ状況になったのを、それほど惨めとは感じなかったという。

難民の行列があらわれれば必ずマフィアが寄ってくる、とリーさんは強調する。国外脱出が始まった情報はどこにでもあったからだ。だれが組織するのかわからないが、彼が知る限り車を持っている人間の集団ではないか、と。マフィアは街の名前と料金を告げて、難民を車に乗せ、ベトナムのハノイをめざして移動しはじめた。プノンペンからハノイまで東に、バスだったら五時間、約二〇〇キロの道だ。だが直行便ではなかった。町から町へと、料金は車を乗り換える度に高くなり、最後の五〇キロは徒歩にした。ルビーもエメラルドもロレックスも、命に代えた。オメガひとつだけを懐に隠して。たどりついたハノイ空港にフランスの救援機が待機している情報はすでにあった。リーさんは無事フランス、パリに着いた。ベトナム、ラオス、カンボジアの植民地支配をしたフランスは、統治時代にフランス側で戦った人々の脱出を助ける義務を負っていたからだ、という。

「日本人は宝石がいっぱいついた装飾品を身に付けていませんね。それはうらやましいことです。だって逃げなければならないときに現金だったら物騒で長期の逃避行には耐えられませんよ。アクセサリーを沢山つけなくてもいい日本は平和なんです」とリーさんは一つ残ったオメガをみつめた。

リーさんの観察どおり、日本人がネックレス、指輪、腕輪、ブローチ、と身に余るほどアクセサリーをつけることはない。おそらく日本の歴史始まっていらい、勾玉の遺品が見つかっても、一般市民が体を飾ったのは髪飾りだけだったろう。それが平和を意味するとは考えもおよばなかったが、逃げなければならないという状況にあったら、身につけられるほど小型の金銀宝石、現代だったらスマホが命を救っただろう。

だが、ある日ユダヤ人の友人は、「僕たちが身につけなければならないのは、知識です。それは決して他人に奪われない財産だからです。技術もそれと同じことが言えます。だから教育が身を守ります」、と言った。彼らには、家族の中で優秀な子供がいれば、その子供を家族全員が支援して大学に進学させ、海外留学で専門職につけるように応援する。いつか彼が家族全員を豊かな土地に呼びよせてくれるだろう、と。イスラエルが建国されるまで、放浪の民族だったユダヤの民にとっての守りは知識だったという歴史は、数多くの文学、アート、音楽、ダンス・映画等、歴史に残る人物を数えれば、頷かざるをえない。

8　リーさんの祖母は中国人

パリに着いた彼を出迎えたのは難民救援団体だった。フランスの植民地だったから、フランス語に不自由はなかったというが、中国系の同胞のおかげで、エンジニアとしての職を得た。だがやがて自営タクシーの運転手のほうが、収入も自由時間もある、と判断し、車を手にいれた。

祖母が中国人だったのが幸いした。彼らには「頼母子講」がある。日本にもあったが、メンバーが一定の金額を出し、集まった金額を必要とする一人に貸し、借り主は利子をつけて全員に返す仕組みだ。「僕たちは銀行なんか信用していませんからね。信用は仲間です」、と。「だから僕たちは起業できます。タクシーの車は中古のトヨタです。エンジンが素晴らしくてめったに故障しないんですよ」、と。リーさんは三年に一度は車を変える。「最近はトヨタのハイブリッド。ガソリン代の節約と排気ガスの少なさに感激」、と胸を張る。彼と彼の家族そして友人をいれれば六人がトヨタのプリウスだ。

カンボジアには伯母が健在だが、三〇年間に一度しか故郷の土は踏んでいない。とはいえ彼が祖国を見捨てたわけではない。彼はパリにいながらアジア情報網の中で生きている。二〇二〇年、リーさんはウクライナにある天然ガスの給油施設が原因で、国際的な事件が起こるよ、と何気なく話した。ウクライナから東ドイツに至る給油パイプラインをソビエト時代に引いたのが原因だという。残念ながら、それは現実になった。

カンボジアに健全な政権誕生を願って運動するリーさんは、祖国とベトナム、中国、タイ、などの関係の危うさを憂い、ことにベトナムとカンボジア政権のありかたを嘆く。それは彼らの宝、アンコールワット遺跡がベトナムの手に渡ったことだった。アンコールワットの管理をベトナムに売ったのだ。どれだけの観光客が訪れてもベトナムが管理しているかぎり入場料はベトナムの懐に入った。だが国際的な批判を浴びてカンボジアのAPSARA機構がアンコールワットを管理するようになったというが、カンボジアとベトナムとの関係を疑う声もある。

とはいえリーさんは、アンコールワットの修復とその技術をカンボジア人に教えた六〇年近く続いた日本の支援だけが、本当の意味の、見返りを見込んでの支援ではなかった、と日本への感謝を忘れない。

アンコールワットの西参道修復がおわり、「渡り初め儀式」があったのは二〇二三年一一月四日だった。三三年にわたって継続したこの作業班は、保存技術を継承する人材育成を主眼とした新たな協定書を、カンボジア政府と取り交わした。

不思議なことに、アンコールワットには江戸時代に多くの日本人が押し寄せた。プノンペンにあった当時の日本人町の人々が仏教の聖地「祇園精舎」と勘違いしていたからだが、徳川家光に命じられて江戸時代に描かれたアンコールワットの見取り図は、日本の木造建築に近い、という。

6 パリの移民と難民

1　ここには言論の自由がある

「へェー、百姓の息子が日本の総理大臣だって？　信じられないよ。だって俺の息子は俺と同じ管理人よ」とポルトガル人の国際学生都市、イラン館のオジサン管理人は驚きの声を隠さない。

昔は夕方になると、お屋敷の庭はにぎやかだった。管理人となったポルトガル人の男達が広いお屋敷の庭に陣取って酒を酌み交わしていた。もうそんな風景はほんの数カ所になってしまったが、あいかわらず「ヨーロッパではオヤジの職業は子供が継ぐんだ」と語ったのは、相撲取りのような大柄の、気の良い管理人のオジサンだった。

田中角栄の出世はヨーロッパ人にとって考えられないことだ。それは一九七二年五月のことだったがヨーロッパの階級制度はいまだに健在だ。生まれが一生を決める。職業も結婚相手も、住居も食べ物も、バカンスも病院も。

一九七〇年代にフランスへの出稼ぎ労働者は、イタリア、スペイン、ポルトガルからが殆どだった。イタリア人だったら女性は家事、男性は庭師、ポルトガル人の男性に多かったのは屋敷の管理人、炭坑もポルトガル人だった。乳母のような子供の世話はアフリカ系の女性、道路掃除、ゴミ収集はアルジェリア、マグレブ系の地中海に面した国、介護看護はトルコ人だった。いや、マグレブ系の移民には郵便局員が多かった。それは出身地の人々の特性がそうさせているようにも見えるが、互いの国の政府の契約ゆえだった。労働者を出す側、受け入れる側が自国民の福祉にとって有利な条件を突き合わせて契約を結んでいたのだ。

例えばスペインとフランス政府の契約は互いに、フランスでの労働年数と、スペインでの労働年数を加算して、年金が支給されることだった。国外で働いた年数に応じた年金を、退職後の祖国で受け取れる仕組みがあった。

スペインのアルハンブラで出会ったオジサンに、スペイン語が話せなくてごめんね、とフランス語で話しかけたら嬉しそうに、いやいや僕はフランスで二〇年も働いたから、フランス語でいいよ、と。年金のシステムはほぼ同じだけど、フランスの法律に従って換算したほうが、すこしだけ高い年金がもらえるから老後の心配はないよ、と得意そうに笑った。

2　トルコの看護婦さん

その病院には婦長以外はほとんど移民の女性しかいなかった。彼女は夫と共にフランスに来て、子供をさずかり、一家の住まいは政府が借り入れた、病院から一五分のところにある団地にあった。夫はルノーの職人養成の学校に通いルノーに就職。看護婦という技術者の移民だが、夫婦だったらもう一人の職能もフランス政府が斡旋した。しかもフランスで生まれれば子供の国籍はフランス、と何から何まで手厚い。

貧しいから国外で職を見つける、というよりも、どちらかといえば将来を見越しての職場の選択だった。フランス政府は国内で専門職の人材を育てるより、すでに知識と技術を身に付けた専門家を国外から招いたほうが得策、と判断した。小学校から大学、職能訓練までの全ての費用が、国外で、つまりトルコ政府の負担で育ててもらえるからだ。フランスは専門家育成の教育費を相手側の国に頼り、人材を受け入れるだけ。看護婦だけではない、あらゆる領域の専門技術者獲得にむけたフランスの政策だ。経済格差と人種問題があるかぎり、貧しい国の技術職移民、頭脳は流出する。

専門家を送り出す国にとっての利点もある。海外から給料の一部が家族に、つまり祖国に送金され外貨獲得につながる。その功績に感謝してトルコ政府は送り出した自国民を年に一回、キリスト教徒だったらクリスマスには、チャーター機を用意して無料でパリからトルコに帰国させるサービスも怠らなかった。

3　スイス青年も

一九七〇年代に外国人がフランス語を学ぶ学校、パリのアリアンス・フランセーズで出会った二人の青年はスイスからやってきた。スイスはフランス語、イタリア語、ドイツ語、ロマンシュ語、と四種類の言葉を使う複雑な国だが、二人はドイツ語を母国語とするスイス人だった。政府とルノーの契約で労働者をフランスに受け入れるための研修生だった。どんな職場で働くの、と声をかけたら、組立の現場だったが、エリートだけを受け入れるのではなく、工場労働者までフランスはスイスという軽工業立国から受け入れていた。移民は豊かな国から貧しい国だけではない。自己の目指す将来を見すえた技術訓練が、この二人のスイス青年の選択だったのだ。

橋の下からはい上がって三〇年で商店主となった元難民、技術を認められ最初から政府同士の契約で職業人として滞在する移民、そのどちらもフランスでの異国民だ。言葉はもちろん生活習慣の違い、祖国との関係で同じ悩みを抱える。だが彼らはひとこと「ここには言論の自由がある」という。何を言っても手が後ろにまわることはない、とフランスの良さを評価する。ここに言論の自由があるかぎり、それを享受するのが、祖国では得られない、移民の特権だ。

7

難民のゆくえ

1　難民のテント。セーヌ河畔の隠れんぼ

ベトナム戦争は日本人にとって難民に遭遇するはじめての機会だった。ボートピープルと呼ばれた人々が祖国を離れてから半世紀になるが、いまもなお、いやいまほど祖国を離れなければならない民族の不幸を毎日のニュースで知るのはむなしい。

世界的な統計資料によれば、ヨーロッパ三カ国（イギリス、フランス、ドイツ）のなかで難民受け入れ数が最も多いのはイギリス。受け入れ数一万三〇〇〇人に対して認定数は五六％（二〇二一年）。二〇一五年にアフリカからの難民の数が増し、欧州難民危機が始まった。というのはそれまで、祖国を離れ、近隣諸国で暮らしてきた難民が、さらに移動してヨーロッパに押し寄せてきたからだった。多くが危険を省みず地中海を小さなゴムボートで渡って。奇跡的にギリシャあるいはイタリアの海岸にたどり着いた人々の大半は、それより先を目ざした。地中海海岸沿いの国々の受け入れ準備が整わなかったからでもあるが、それ以上に彼らが望んだのは、祖国以上の生活向上を望み、家族を呼び寄せるチャンスのある国を目ざしたかったからだ。これを経済難民と呼ぶようだ。

2　フランスの難民の数、二〇二二年だけで五〇万人

二〇二三年七月に「フランス難民および無国籍者の保護協会」（ＯＦＰＲＡ）は、フランスに避難し

てきた人々の数を発表した。二〇二二年は五〇万人だった、その数は前年度より五万六二七六人多かった。多くはアフガニスタン、バングラデッシュ、トルコの三カ国。

タリバンが二〇二一年に政権に戻ってからアフガニスタンから一三万一〇〇〇人の難民申請があった。次にアフリカのコートジボワール、ギニア、コンゴ、ナイジェリアからの申請が多かった。

これら人々を保護し、住まいと食事を与え、できれば仕事、そして居住許可などを与えることになる。すべてがフランスに留まるわけではない。多くはイギリス、ドイツ、北欧の国へとさらに移動する。二〇二二年ウクライナからの難民申請は一〇万人あったが、申請書類を提出する必要はなく一時的に保護される、という特別なあつかいだ。この数は増えつづけるだろう。（LA　CROIX二〇二三年七月三日）

3　橋の下で

パリのセーヌ川の両岸は堤防を石で補強して洪水を防ぐ。とはいえ雪解け時に水量が増し水はパリ市内に流れ出ることもある難しい川だ。その川岸はここ数十年ものあいだ洪水より難しい問題をはらんできた。

というのはセーヌ川の橋でも雨風をしのぐのに都合のいい大きな橋は、難民の避難場所だったのだ。人数が少なければ問題はなかったが、難民が数を増し、退去の命令がでた。行政が用意した、仮設の建物などへの移動を促すが、自由をもとめて困難を絶えてパリにたどり着いた難民は自由のない施設には入りたくない。だから囲いも門もない川岸を選ぶ。もちろん路上でもいいが強制収容施設へのリスクが高い。

4　身を隠せば

難民が路上や橋の下にいても、市当局は頻繁に観光客などに見せない方針をだす。お願いだから昼間の時間だけは、何処かに隠れてくれと役所は願い、日用の着物や敷物などをまとめて市の職員があずかり、難民は姿を隠し、夕刻には預かり物は本人にもどる方式ができた。彼らが隠れるというより服装は一般市民とかわらないから、物ごいさえしなければ素性はわからない。

だが、二〇二三年五月にパリの北駅近くの橋の下に二二三人が集まっていたので、パリ郊外の施設に移動させるという、事件にもちかい出来事が起こった。

パリ中心部では同じ所に同じ難民が路上に座っている。かならずしも近隣に迷惑を掛けるわけでもなく、物ごいの声が聞こえるのは稀だ。同胞と見える人々が声をかけながら、食べ物をわたす風景にであう。公認の援護団体の訪問は、大きな袋を両手にさげて三人で来る。だからすぐわかるが、彼らは病気を心配し、薬品を置いていったり、寒い日には近くの喫茶店から暑いコーヒーを取り寄せる。薬を前に置いた援護団体の職員が、道の向かい側を眺める。すると一人の男性が、片手にポット、もう片手にカップを持って、あわてて道を横切る。おそらく事前に話しあいがあったのだろうが、その熱々のコーヒーカップを手にした難民男性は、一時の安堵感で目がうるんでいた。パリ一五区に住む住人の話では、時々シャワー車がやってきてシャワーをご馳走し、近隣住民も残りご飯をとどけている、という。歓迎される存在ではないが、かならずしも避けなければならない存在ではない。フランス国籍をもっていても、移民や難民としてやってきた親が住む複雑な民族集団がパリ人口を構成しているからだ。

二〇二二年の統計によれば、七〇〇〇万人、フランス人口の一〇・三%が移民であり、そのうちフランス国籍を得たのが二五〇万人で、移民の三五%だ。国籍がなくても一〇年に一回の登録をくりかえす滞在許可があれば、ほぼ国籍所有者と同じ福祉が待っている。二〇二三年には増えつづける難民に困った政府は、国民にこれ以上受け入れてもいいかどうかを聞いた。答えは生産活動に必要だから、と受け入れに賛成が多かった。

辛い労働は移民で、という結論だったのだ。

5　新移民法のゆくえ

難民とは国内で自由が奪われる危険がある、あるいは経済的な理由で滞在許可を持たず国境を越えた人のことだ。移民の一部だが、彼らは難民認定をうけ、正式な移民となるためには手続きが必要。

パリで路上生活の人々がそのどちらなのかを知るのは難しい。彼らはテントの下から移民申請をし、審査中は滞在ができる。否定されても申請書を新たに出して滞在を伸ばす。その間に仕事を見つければいい。

だが移民難民を引き受けてきた寛容なフランスでも、滞在許可の条件を厳しくし、ついに二〇二三年一二月に新たな移民法が成立した。国内で危険な行為をする外国人の追放手続きを簡単にし、フランスでの生活に馴染むためのフランス語の充分な習得も義務となった。

滞在許可は一年から一〇年と必要に応じて延長する。たとえ最長一〇年の滞在が許可されても許可期限の一〇年ごとに再申請が必要。国籍を持たない限り、この一〇年申請は続く。

新移民法は、労働許可なしで働く人々の許可条件を厳しくし、家族手当を受ける条件も厳格にした。そのうえ合法的に移民となった人々が母国の家族を呼び寄せるには、収入や健康保険加入の証明が必要になり、フランス国内での社会保障給付は五年以上の滞在者（就労者は二年半以上）に制限された。

最も大きな変化は、両親が外国人でもフランスで生まれた子は自動的にフランス国籍となる出生地主義だったが、今後は一六～一八歳の間に国籍取得希望者にのみフランス国籍を与えることだ。

さらに外国人留学生に、フランス当局への保証金の支払いを求める、という点もみのがせない。

欧州委員会は、ＥＵが一体となって難民を減らす法案を二〇二三年一二月二〇日にやっと成立させた。難民申請はＥＵ加盟国の国境を越えた国で申請することになっている。多くは北アフリカや中東から地中海を渡ってくるから、地中海に面したイタリア、ギリシャ、マルタなどに、一時収容「審査センター」をつくり、難民認定を三カ月以内にする。認定できない場合は、母国ではなく、ＥＵ内で通過してきた政治的に安定した国家、モロッコ、チュニジア、バングラデシュなどに強制送還される。EUは年間約三万人、四年先には一二万人の難民を加盟国に振り分けるが、それを拒否すれば難民一人につき二万ユーロ（約三一〇万円）を基金に支払うことになる。

ＥＵ離脱のイギリスは二〇二三年一二月七日、難民をルワンダに強制送還と決め、ＥＵ諸国の批判を集めた。スナク首相は会見で、「私は移民の子どもだ。英国はすばらしい国で、チャンスと希望と安全を与えてくれる。ただ、私の家族は合法的にここに来た」、と移民として成功した自身を現在の難民に重ねる。イギリスはルワンダに経済発展のために一億二〇〇〇万ポンド（約二二五億円）を投資する。だから新たな難民にもチャンスはある、というわけだ。

ＵＮＨＣＲ（国連難民高等弁務官事務所）によれば、二〇二二年に故郷を追われた人は約一億八四〇〇万人、二〇二三年には一億一〇〇〇万人。世界人口は八〇億人だから約七〇人に一人が難民に相当する。

この数は増加するにちがいない。たとえ戦争がなくなったとしても、経済格差が無くなることはなく、貧困は連鎖する。だが豊かな国家であるヨーロッパ諸国がこの難民問題に取り組むのは、かつての宗主国だった責任からでもあるが、不足する労働人口を得るチャンスとも捉えているからだ。優れた人材を吟味選択して、不足する分野に配置し産業に貢献して欲しいのだ。だからこそ労働環境統計に見るように、農業、建築業、サービス業への就職率は圧倒的に移民だ。移民労働者なしにヨーロッパ諸国は生きてゆけない。

8

仏左翼でさえ知らなかった中国とソ連の労働問題

1　環境研究院：パリ

パリの一九七〇年代に、アンドレ・マルロー文化大臣の肝いりで、専門ジャンルを跨いだ学生が共同して学ぶ「環境研究院」があった。六八年の学生運動で活躍した男女がたむろする場だったから、研究といえど、議論だけが先行しこれといった成果があったわけではない。だが専門ジャンルを跨いでの研究、という発想は先進的だった。

というのは、一九四七年に「空想美術館」という名前でたった一点しかない美術作品ではなく、複製した作品、写真のようなものを集めた美術館があってもいい、とアートとテクノロジーを一つにする構想をたて、バーチャルミュゼアム、複製技術の未来を予測したのは、作家であり大臣だったマルローだったのだ。

一九六八年、そのマルローに救いを求めてパリにやってきたのが、ウルム造形大学の教師だった二人の建築家だった。ドイツでのウルム閉校をなげき、フランスにもウルムを、と。五月革命の後、一九七一年に「環境研究院」は開校したが、一九七二年に教育部門が閉鎖され、研究だけがナンテールに移って続行。研究院の建築は、ジャン・プルベがアルミニウムを外壁に使った美しい建築だった（すでに解体）。

アンドレ・マルロー肝いりの環境研究院が多くのデザイナー、研究者を生んだとはいえないが、少なくともこの研究院で過ごした仲間は、様々な場で生き延びた。たまたまリユース家具店を経営する店主は、研究院の卒業生だった。思い出話に花が咲くうちに、「恥ずかしいよ、俺達は当時、左翼と胸を張り、社会主義、共産主義、マルクス・レーニン主義、毛沢東主義、で火花を散らしたが、その共産主義だった国家で具体的になにが起こっていたかの情報も知識もなかった。ポルポトがカンボジアでプノンペンを制圧した時なんか、フランスの左翼は、この知らせを共産主義の勝利と拍手で迎えたのだ。悔やんでもくやみきれない」と。

環境研究院の仲間は、エコ商品を、リユースとリデュース家具店を経営しながら、マレ地区の青年活動家になっていた。その昔の仲間から不思議な話を聞いた。

2　搾取された中国人労働者

ヨーロッパ諸国の左翼は、当時の中国とソビエトの関係にも疎かった。中国からソビエトロシアに中国人労働者が数多く派遣されていた、というのだ。豊かな共産主義国家は貧しい共産主義国家から労働力を入れていた。その実情は、カマラード（camarade）同志、兄弟と呼びあうはずの二カ国の労働者の一方、中国の労働者がソビエトの兄弟から搾取されていたことになる。

ある日、ロシアに滞在していたフランスのジャーナリストは、中国人の訪問を受けた。彼が働いていたのはテレビ工場だった。中国国内でテレビを持つことができなかった時代だったから、中国への帰国時に、自分たちが作ったテレビを土産に持ち帰りたいと願った。だがソビエト政府の許可は下りず、秘密に工場から持ち出した中国人は捕えられた。それをヨーロッパの力で何とかできないか、という相談だった。

ソビエトのテレビはいつ爆発するかもしれない、と評判の悪い製品だったが、一九五〇年代にソビエトで量産化された国民テレビでさえ中国人にとっては高嶺の花だった。というのは、中国の一九六〇年代のテレビの生産量は約三〇〇〇台（年間）にすぎなかった。

フランス人ジャーナリストは驚き、中国とソビエトの間にある労働搾取、と大々的に報道した。これをきっかけにソビエトから中国へのテレビ持ち出しは許可された、という。

3　ディオールの縫子はモロッコ難民、オートクチュールの労働

入院中の隣のベットの女性の赤いチョッキに目を見張った。あきらかに普通の既製服とはちがう。規則正しいだけのミシンの縫い目ではない。だからといって手縫いにしてはきめ細かい縫い目だ。尋ねると、これがオートクチュールの縫いよ、と。小柄な彼女はディオールの縫子だった。

見たこともさわったこともないオートクチュールと病院で出会うとは思いがけなかった。「オーダーした女性の体に合わせせるのがオートクチュールよ。一八〇センチのモデルさんが着ているのと同じに見えるように一六〇センチの太ったマダムを喜ばせるのが仕事だから型紙をつくり、白い麻の布を裁断して、仮縫いして、本人に着てもらって調整、仮縫い、そして本縫いと、一着の縫製に急いでも三日かかるわ。ミシンは使いません。全部手縫いです。だから一着一〇〇万、二〇〇〇万円という値段になるの。ファッションショーのランウエーや雑誌を飾った服はこの世にたった一着しかないの」と。

縫子の手先はすこしだけ赤かった。彼女はモロッコの移民二世だった。

二〇二二年カンヌで評判になった映画「青いカフタンの仕立て屋」で見せたモロッコの刺繍の技術にうっとりするが、そんな綿密な針仕事を得意とするモロッコからのフランス移民に鞄や縫い物の職人が多い。彼女もその一人だった。

ある日、友人のお供でディオールの店に入った。店の隅で先客の買い物姿に目をやりながら、驚きのあまり気分が悪くなった。アメリカ人の妻は、ショーで披露された服がかかっているハンガーを前にして、両手を広げて、ここからここまでと振り返れば、そこにあったのは男性の笑顔。

後で店員に聞くと彼らは店舗の近くのリッツホテルに宿泊し、そこからブランドの店で型紙、仮縫い二回、合計三回通って服を手にするという。「あのクラスだったら、数あるレセプションで一回しか手を通さないでしょうね。もしも同じ服を二回着て、レセプションに現れたら、それに気がつく女友達がいるでしょうから」、と店員は服の行く末を語る。パリのマレ地区には、かつてのオートクチュール製だった服をあつかう古着店がある。ワンピースだったら体格の違いが見えないように縫製した苦労の名残は歴然として残っている。それでも客はいくらでもいる、と店主は語る。

比べようもない金持ちと、それを支える労働者階級という目に見える差が身近に際立つのもフランス社会だ。コンビニエンスでさえ、貧しい人間向きではない高級コンビニがあり、そこには宅配サービスがある。

4　窓からセーヌを眺める老婦人

パリのサンルイ島といえば、フランス人の多くがあこがれる場所だ。豊かな人々が住むからだが、だからといって住民の全てが金持ちではない。住人を数えれば貧しい人口のほうが多いかもしれない。なぜかといえば、金持ちの家屋や邸宅の管理人、庭師、掃除、炊事、子育てなどのお手伝いさんも住む島でもあるだからだ。かつては多くのお手伝いさんがアパートの四階、五階の小さな屋根裏部屋に住んでいたが、大家の金持ちは、この屋根裏を賃貸にして、従業員を郊外から通わせたほうがいいと判断し、島に残った従業員は邸宅の管理人だけになっていった。管理人の住まいは、半地下か、地下室。

セーヌ川が見える部屋は特権階級の部屋だ。とはいえ、地下室からもセーヌ川がのぞける。ある日、そんな地下のセーヌ川に面した、半地下造りの格子のある窓から顔が覗いていた。青空も雨雲も、すべてを彼女は観察していたと、近隣の住人は語る。やがてその姿が消え、彼女の死亡の噂が流れた。

近隣住民の世話にならなかったのは、教会に申し出て、財産の全てを寄付するかわりに、最後まで生活の面倒をみてもらう、と言う契約があったからだった。面倒をみるお手伝いさんは教会が派遣する。

フランスがカトリックの国だとつくづく思うのはこんな教会の活動に出会うときだ。コロナで外出制限が厳しかった時には、教会から若い青年が派遣され、買い物、コンピュータの修理など、住民の助けに走り回っていた。

いまでも、青年達はクリスマス近くになると、住民の郵便ボックスに、挨拶と寄付のお願いの書類、そして、これは教会からのプレゼントと、来年度の手帳を置いて行く。カトリックの行事と、聖書の言葉が控えめに印刷してある手帳の色は、なぜかオレンジ色。同じころ、地域の消防署のお兄さんたちは、各戸の呼び鈴を鳴らして翌年のカレンダーはいかがですかと顔をみせ、カレンダーの代金は市民から消防士へのプレゼントになる。

フランスには国家の社会保障と平行してカトリックという宗教による保障も財産と一緒にある。家族に囲まれて生涯を終えるという幸せに恵まれない移民にも、孤独死を免れる制度がある。地理的には高級地域だが、半地下のアパートの価値は低く、教会は彼女の住まいを難民救済の場に利用した。

9

異色の移民。里子の訛り

1　コリアン・エアラインの床で

一九七〇年代の東京↓パリ行きは運賃の安い大韓航空を使った。経由地だったソウルから乗り込んできたフランス人シスターが両手に赤ちゃんを抱き、別のひとりが三つの籠を通路に並べ、そこに赤ちゃんを寝かせた。生まれてまもないとはっきり分かるのに通路とは何事か、とシスターに詰問した。養子縁組みのためにソウルまで迎えに来たが、この子達の旅費まで予算がないので、と。搭乗だけが許されたのは航空会社の温情とはいえ赤ちゃんには気の毒だった。

後でわかったことだが朝鮮戦争（一九五〇年から）でアメリカ軍人との間に生まれた子どもや戦災孤児が里子としてアメリカに送ったのが、韓国とアメリカの里子制度の始まりだったという。やがて戦争と関係なく、貧しさやシングルマザーで生まれた子供の外国への養子縁組みがヨーロッパ中に広がり、韓国は「赤ん坊の輸出国」ではないか、と国際的な批判にさらされた。儒教の国だから正式な婚姻関係がない私生児として生まれてまもない赤子が道端に捨てられるのは、珍しい事ではなかった、という。

二〇一〇年のある日、フランスのテレビドキュメンタリー番組は、フランスが外国から受け入れた里子が、小学生になって母の国を訪問する姿をドキュメンタリーで放映した。里子は韓国はもちろん、メキシコ、インドネシア、アルゼンチンなど多彩だったが、生みの母親と巡り合う幸運に恵まれた里子は、殆どなかった。

だがその番組で胸が痛くなったのは、例外なく、子供たちのフランス語に、生みの母親の言語と同じアクセントがあったことだ。番組製作者もこの展開に驚き、言語学者になぜ、と質問した。応えは簡単だった。子供は母の胎内で成長しながら、母の声を聞き、すくなくとも音、アクセントを脳に刻んで生まれてくる、という。たとえ生まれて三カ月で母親と離れ、フランスで育ち、フランス語で暮らしても、母親の言葉は訛りとなって成長した子供に蘇る。

韓国人里子のフランス語には朝鮮語のイントネーションがある。その音はある日、フランスの政家、大臣にまで上り詰めた女性の発音にもあることに気がついた。彼女は七三年に生まれ、生まれて二日か三日後にソウルの道端に捨てられ、孤児院に引き取られ、一九七四年に生後六カ月でフランス人夫婦の養女となった人物だ。アジア人初めてのフランス高級官僚の一人となり、二〇一四年には国際貿易と観光促進の任務につき、韓国とフランスの輸出入が拡大するきっかけができた、と両国で脚光をあびた。フランスの女性閣僚を招いた韓国大統領は「我が娘と」ソウルの空港で彼女を抱きしめた映像は忘れがたい。

韓国からフランスへ養子として送り出されたのは二〇万人に及んだ。まもなく国内で里親をさがしてから国外へ里子にという法律ができ、国外への里子の数は減ったが、それでも毎年三〇〇人は海外にでて里子になる。韓国内で彼らの二重国籍が認められたおかげで祖国を訪れる里子の数は多くなり、短期で年間四〇〇〇人が、長期で七〇〇〜一〇〇〇人が韓国滞在を試みるという。

カトリックのシスターの手に抱かれ、ボーイングの床で寝ていた赤ちゃんの一人は、閣僚（二〇一四年から二〇一六年）となった女性だったのかもしれない、と心が騒いだ。彼女は生みの親に捨てられる、という災難をくぐりぬけ幸せをつかんだフランスで初の、アジア系閣僚という名誉に輝いていた。

2　地滑り的変化：家族は崩壊した

ニューヨークに住み二人の子供がいる日本人家族は、ある日小学生の男の子が、大変といいながら帰宅して、両親は驚いた。クラスメイトに、君のお父さん何人目と聞かれ、答えに窮したからだ。級友達は平然と二人目三人目と自慢したらしい。一〇年以上も前のことだが二人の父と母がいる子供は珍しいことではなかった。

フランスの若者は二人で暮らし、子供が産まれても、事実婚として認められ社会保障も平等だから、結婚を選ぶ必要はない。さらに離婚は裁判が必須。弁護士費用も高額で、なお一年と裁判は長期間かかるから、結婚という制度は若者の視野にはない。だから簡単に男女は別れ、また別の出会いを求める。子供にとって三人父親二人母親だって驚かない。ただ子供が幼い時には、土日は別れたどちらかの家で過ごす義務があるから、別れた親が遠距離にいると双方にかなりの時間と費用の負担になる。

最近、二人母親と一人父親、そして一人の祖母、子供三人、計七名が一カ月も一緒に楽しく海岸でバカンスを楽しんだ、と語る友人、祖母と会った。経済的にも楽だったよ。だって家族が多いと宿泊も鉄道料金も割引があるもの、と。

例えばバカンスに必要なホテル、旅行、行楽、スポーツ、文化活動、教育、育児、健康などの費用に援助がでるカードの発給がある。このカードをスマホに登録すれば、現場で料金は安くなる。カードをつくる手順を見れば、記入欄には一八歳未満の子供の数が六名まで登録できる。単純に子供の数が多いのではなく、複合家族（命名は一九八七年に登場）を見込んでのシステムだ。二〇一〇年代には一〇人に一人の子供（一八歳未満）が複合家族で暮らしていた。

複合家族という新しい家族構成を行政が認めるまでになった。これを古いシステムの家族の崩壊と呼んでもいいだろう。だからこれまでと違う婚姻や相続の法律を作る必要にせまられた。せめて誰がどこで誰と、生計を一つにしているのか、がわからなければ国家は国民を家族という枠にいれて管理できなくなる。公の援助の裏には、誰からどのように税金を聴取したらいいかをはっきりさせなければならない理由がある。

だが家族の変化はそれでけではなかった。同性婚が認められたのだ。

フランスでの同性婚法は二〇一七年に成立したが、直後に同性愛反対運動が激しくなり、それのみならず，保守主義・家父長主義回帰があった。ドイツの同法成立も二〇一七年だが、反対していたメルケル首相は養子八人を育てるレズビアン・カップルと出会い、「人生観が変わった」と即刻同性婚賛成にまわった。とはいえ、同じ頃ベルリンで開催されていたゲイパレードに出会い、ひどい目にあった。ゲイ批判のヤジに耐えかねたパレード参加の一人が突然ヤジ男性に襲いかかり、たまたまそれが花屋の前だったため、ガラス戸がこわれ、花はバラバラになり筆者の服を汚したのだ。被害と言うほどではなかったが、これほど静かだった集団が、一挙に暴徒と化す可能性もある。

二〇一九年、フランステレビで信じられない報道があった。同性愛のドイツ人男性がどうしても自分達の子供がほしい、とアメリカのネットで卵子提供者を探した。白人で教育があり、子供を生んだ経験もあり、勉学資金のために卵子バンクに登録した女性の履歴が現れた。顔写真、身長、体重、目の色、趣味なども添付してあった。彼らが選んだこの女性の卵子価格は、有色人種よりはるかに高額だった。

二人は次にインドの病院のホームページで子供を育てる女性を選んだ。驚きは、男性二人の振るまいだった。二人の精子を同じビーカーにいれ、かき回し、どちらが本当の父親かどうかわからないような工作をしてインドに送る。まもなくアメリカから卵子がインドに届いた。世界中からの要請があるインドの病院の姿が映し出され、そこに並ぶ豪華なベットの全てが代理出産母のためだった。選ばれたインド女性も、時々見まいにくるその夫も満足だという。報酬で一年後には新築の家ができる、からだ。

出産予定日がドイツに知らされ、二人は満面の笑みで赤ちゃんの服と玩具を目一杯もって、インドの病院で待機。やがて生まれた赤子と対面。このとき代理母は子供の顔をみることも胸に抱きよせることもなかった。二人の男性は二人の父親となってドイツに戻った。書類上は養子縁組み、になったはずだ。卵子提供者も代理母も、書類と金銭上の取引だけの存在だった。いや商品だった。

ハッピーエンドに見えるが、決してそんなことではすまない。同性婚が認められ、子供が授かったといっても同性愛では子供ができない、という了解ゆえの関係だったはずだ。保守的な市民の反発はこの点だ。神との約束に反するではないか、と。

血縁で結ばれた親子という人類にとってかけがえのない絆が切れた。いや別物になった。遺伝子で結ばれた一対一の関係でなくてもよくなったのだ。文明を築いてきた人間は、二人から生まれた子供を中心に家族を形成し、その集まりが農業を発展させ都市を生み、領土を増やし、男子に領土（男性優位）を分け、軍事に都合がよくなったが、人口が増えて領土が不足しはじめ、血統の論理に従って資産の共同所有ができる相続戦略を軸とする共同体が生まれ、現代まで続いた。長く続いた相続制度は、最近男女平等となったが、その根本である家族制度が崩れたのだ。

同性同士の間の子供は、一方の遺伝子を共有する子供が産まれるチャンスはある。だが、精子も卵子も他者のもので、不妊治療という現代医療の成果で生まれてきた子供のすべては、血縁でのつながりはない。だから古い社会制度の崩壊を助長する。

気候変動は地球環境崩壊を早めているのは確かだ。雨が降りつづき、土壌にたまった水は少しずつ排出されるが、それにともなう山林土壌の変化は緩慢だ。だが水分を受け止めてきた樹木に異変がおこれば、土壌は溜まった水分に絶えきれず、樹木自身をとりこみ一挙に土砂も流し落とし、自然環境は一挙に崩壊する。

家族社会の土壌とは遺伝的な絆をもつ人間の関係だ。その土壌に育った家族に異変が起き、複合家族の増加、同性婚の子供の誕生、などが繰り返され、従来の社会を支えてきた地縁、血縁、共同体に対する忠誠心、連帯感、一体感が、近代化、グローバリゼーションに伴う社会の構造変化の中で解体されつつある。その最大の被災者は親子という関係だ。

10

フランスと中国の密かな戦い

1　ピラミッドの池：「立ちションとスリ」

ある日、フランス政府は中国政府にむかって「お願いがあります。ルーブル美術館の入り口のガラスのピラミッドの廻りの池で、貴国の観光客の皆様が立ちションベンをなさいます。どうぞトイレと間違わないようにご注意ください」と言った。

まもなく中国政府は、フランス政府に、「お願いがあります。中国からの観光客の多くがフランスでスリに遭い困っています。どうぞ厳重に取り締まってください」。

ルーブルの玄関、ガラスのピラミッドは中国人ミン・ペイ（グロピウスの弟子）の設計。その助手は日本人建築家、朴さんだった。彼がピラミッドの池のデザイナーだったが若くしてパリで生涯を終えた。

2　偽造切符

両国の忠告合戦はさらにエスカレートする。二〇一三年、ルーブル美術館の偽造入館チケットが、港の検疫で発見された。紙が厚かったので発見は早かった。と同時に隣国ベルギーの税関当局から、中国からきた小包のルーブル美術館入館チケット三六〇〇枚を押収したとフランス側に連絡があった。これは本物と違わなかった。印刷を中国に発注していたとすれば、割り増し印刷し、中国の団体旅行業者に渡すだけでいい。だから美術館で気づくことはなかった。だがフランス政府はそれまでの損害の重大さを金額に換算して中国に訴えた。

3　中国人の観光客九〇年代

まだ貧しかった一九九〇年ころまでの中国人にとって海外旅行は夢のまた夢だった。日本人の海外旅行が自由になったのが一九六四年だったから驚くにあたらないが。ましてやパリの高級店で衣服やアクセサリー、陶器などを爆買いするようになるとは思いもよらなかっただろう。だが政府の許可を得て、最低の旅費でなんとか外国観光旅行ができないか、と苦労していた時代の中国人団体旅行は見ほれるほど、機知にあふれる旅行を楽しんでいた。

移動はベットになる椅子付きの観光バスで。夕刻には、バスは公園近くに停留し、コンロと料理道具を地面に降ろして調理が始まる。やがて二〇名くらいが机を囲み賑やかに夕食。費用は航空運賃とバスの賃貸、そして旅行業者の手数料だけで。しかも夏だったからシャワーは公園の水道で、トイレも公園ですませて、フランスを縦断する。それでも旅行客は幸せそうだった。おそらく一九九〇年末ころまで節約旅行は続いたようだが、やがて中国資本のホテルが空港の近くにでき、旅行業者は、ゆとりがある個人でもパリ市内での宿泊を許可しなかった。というのは、現金を持ち歩く習慣がある中国人旅行者が一人で散歩して金銭を盗られる犯罪が頻発したからだ。旅行者をパリの中心から遠ざけ、ついに二〇一四年にはパリに中国人警察官八～一〇人を派遣するほどだった（カード決済定着まで）。

4　節約旅行のチャンピオン：オランダ人

中国人よりオランダ人の工夫はもっと巧妙だった。というのはバスではなく個人のキャンピングカー一〇台くらいでの団体旅行だった。オランダからパリまでやって来たキャンピングカーが列をなして公園に入る。料理も公園の利用も中国人と同じだったが、オランダ方式は、キャンピングカーの後ろから食料品を積んだトラックがついてくることだ。食品はもちろんワインもオランダ産を積んで。パリ市民は顔をしかめ、公園のトイレと水をタダで使い、一銭もフランスに落とさない、と苦情を訴える。フランスにとっては、オランダ観光客からの被災にあった、ということになる。

オランダ人の評価はケチ、の一言。「もったいない」はオランダ人のためにある。とはいえ、これは低地を意味するオランダ（Pays-Bas）の狭い国土と不安定な地理的立地ゆえの知恵が生み出す、賢い暮らし方の一面にすぎない。オランダの商店も一八時には閉店する。夏休みだったのに、と驚いたら、ビールが飲める酒場だけは、店の奥で、と。電気代金節約だったが、そこにはワカモノのはしゃぐ声もあった。フランス人にこの話をすると、オランダ人はアヴァール（avare）ケチではなくエコノム（économe）だ、と注意された。つまり美徳としての節約なのだと。だからケチハシャギではなく「節約はしゃぎ」、「もったいないハシャギ」とでも言ったほうがいい。国土の狭さゆえ培った節約というモラルは、災害時にも当然威力を発揮する。

11

戦争の置き土産

1　パド・カレの戦争記念碑。フランスの中のカナダ

フランスの最北端ヴィミ（Vimy）にカナダ軍戦死者のための国立記念碑がある。第一次世界大戦の時にフランスのために戦って亡くなったカナダ兵士への追悼の記念碑だ。大国の要請で連合軍が組織される。当時のフランスはカナダに派兵を要請した。それに応えて派兵された六万六〇〇〇の兵士のうち、戦死は一万一〇〇〇人。カナダ兵といっても移民としてカナダに居住していた他国民もまた派兵に応じた。当時移民排斥運動の中にあった日本人は、カナダ政府に市民権を与えてもらおうと、志願して戦場におもむき五四名が戦死している。

この戦死者の労に報いようとフランス政府は戦場の跡地に、戦死者すべての名前を刻んだ巨大なモニュメントをつくり、なお一九二二年にはドイツとフランス、連合軍側の兵士が戦った塹壕をそのままに残し、その周辺の土地をカナダ政府に寄付した。

フランス軍側から掘り進む塹壕と、ドイツ軍側が掘り進む塹壕が次第に近くなり、最終的に敵陣との最短距離で爆薬をしかけて、退却といった手に汗握る場面を再現する展示があり、見学する高校生を刺激する。

柵に囲まれたこの地は、フランス国内にあるカナダということになる。その入り口、国境には毎年入れ替わりながら英語を話すカナダの学生が案内役として働く。平和教育というより、学生の海外体験研修だ。詳細な遺品、写真などを交えた戦争博物館は子供たちの学びの館でもある。塹壕での戦い

ヴィミ戦争追悼碑

の負傷者の多くが、顔に傷を負った。兵士達は互いに頭を塹壕から少しだけ出して銃を撃つ。だから銃弾は顔に。その傷跡を治療する整形手術が進歩した、という。後にフランスが美容整形手術の技術で名前を残すのは、この戦い、第一次世界大戦被災の置き土産だった。

2 「このまま死なせて」ダイアナ妃最後の願い

不思議なことに事件はいつも、パリから東京に向かうちょっと前に起こる。ルーマニアでのチャウシェスク処刑、東ドイツ崩壊、福島の被災、ダイアナの死も、パリから日本への帰国準備と重なった。

騒がしい音に驚き、旅支度の手を留め、振り返ってテレビをみると、暗い画面にうごめく警察官。交通事故とすぐ分かったが、まさかダイアナ妃が乗った車だとは。事故の経過を報道するテレビの画面は、リッツホテルを警護の人々に囲まれて密かに外にでて、車に乗り込み、パパラッチが後を追いかけ、事故現場に、と延々と途切れなく続いていた。中でも忘れられないシーンがあった。それはダイアナ妃の最後を見届けたパパラッチの言葉だった。

事故はパリのセーヌ川にかかるポンヌフの下で起こった。パパラッチの一人は大破した車に近づき、彼女にカメラを向けた。いまにも息絶えようとしている彼女が「何が起こったの」と尋ね、すぐ「このまま死なせて」とつぶやく顔を記録に残した。パパラッチはテレビのインタビューで、「信じられないほど彼女は美しかった」と語り、同時に私が撮った写真はどんなことがあっても公にしません、僕の胸に仕舞っておきますと、コメントした。

遺体の検証の結果、激突のショックでシートベルトでの腹部出血による死亡だった、という。だからダイアナは美しい姿のままだった、ようだ。

アルマ橋の近く、セーヌ河の岸に、モニュメントがある。構造設計はパリのノートル・ダム大聖堂の修復に関わったヴィオレ・ル・デュク（一八七九年没）、エッフェル塔で知られるギュスターヴ・エッフェルなどが関わったアメリカの自由の女神の像が右手に掲げる炎の彫刻だ。その真下にあるトンネルが事故（一九九七年八月三一日）の現場だったために、偶然その彫刻は、ダイアナ妃を偲ぶモニュメントとなり、いつでも花で埋まっていた。献花はいま禁止されたというが、訪れる人影が絶えることはない。不幸だったダイアナというたぐい稀な美女を死に追いやった直接の下手人はパパラッチだが、不幸だった結婚の被災者と呼ぶにふさわしい。

3 ブランクーシのパリ行脚

ルーマニアに旅をして、パリで彫刻家として親しまれたコンスタンティン・ブランクーシの子孫に会った。友人のルーマニア人の知人はルーマニアの京都と言われる古都クルージュの出身だった。ブランクーシの森の彫刻はすばらしかったと報告し、パリまで歩いて行ったんですねと尋ねると、「いやそんなことはないよ。歩きもあったにちがいないが、列車にも乗ってパリに着いたんですよ。お金はなかったけど、途中の農村や街でアルバイトしながらというのが当時の旅だったからさ」、と。そのブランクーシは抽象的な、だからといって丸三角四角だけではなく、人間も動物も抽象化しながら、無味乾燥な立体とはちがう作品を仕上げた彫刻家だ。

ブランクーシのパリのアトリエを訪れたマン・レイは、「その白さ、明るさに圧倒された。粗削りのオーク材、あるいは台座の上の磨かれた躍動的な形態の金色の輝きによって各所が強調されていた」と語っている。つまりアトリエそのものが芸術作品だった。

家具のかわりに木材の丸太に白い漆喰を塗ってテーブルにし、枕で覆った丸太を椅子に、中央に彫刻を数多く置きながら製作していた。彼が白い服しか着なかったのは、作品にあわせながら、作品がある環境に作者も合わせたからだ。いや、当時のアーティストは頻繁に尋ねあっている。ブランクーシは、アンリ・ルソーやフェルナン・レジェ、マルセル・デュシャンやモジリアニ、マン・レイらと親しかった。モジリアニに影響を受けたにちがいなく、彼もまたアトリエは壁もテーブルもストーブも白一色、彼自身は白い衣装をまとい、白髪、白ヒゲ、飼っている二匹の犬も白だった、というほど白に執着した。

その徹底した美意識に感動してイサム・ノグチは一九二〇年代にブランクーシに弟子入りした。

友人にも作品にも恵まれたが、社会主義だった祖国ルーマニアではブルジョア階級のコスモポリタニズムと批判され、作品展示のチャンスはなかった。一九五五年にニューヨークでの展示の一年後にやっとルーマニアで個展が許された。とはいえ祖国には戻れず、せめて作品だけは、とアトリエそして作品をルーマニアに寄贈したかったが、社会主義政府ルーマニアは拒否し、アトリエと作品八〇点はパリに戻った。一九五七年、三月に彼は八一歳の生涯をパリで閉じる。

いまパリのポンピドーセンターの庭にできたブランクーシのアトリエはその遺産だが、没後四〇年経ってやっと彼の遺言通り、アトリエは生前のままに復元され、建築設計はポンピドー・センターを設計したレンゾ・ピアノとリチャード・ロジャースだった。初期の展示は見学者がそのままアトリエの主人になった気分で自由に出入りできたが、しばらくしてガラスで展示空間は仕切られてしまった。

建築家にとってブランクーシの作品は、おそらく神のような作品だったにちがいない。ロジャースの親友、元共同事務所で働いていたイギリスの建築家ノーマン・フォスターは彼自身を回顧する二〇二三年のポンピドーセンターでの個展でブランクーシの「無限柱」をそのまま中心に展示しているくらいだ。

ルーマニア政府に拒否されなかったら、パリで彼の作品を楽しむことはできなかった。この政治的な被災そのものが彼の願いとは裏腹に現代彫刻がポピュラーに親しまれるチャンスとなった。

4　元難民が答える：ポンピドーはモダンが好きではない

ポンピドー元大統領の館は、サンルイ島にあった。セーヌ河を見下ろす館の最上階、五階の屋上にプールがあることで有名な邸宅だった。夏にパラソルが開くから屋上プールにちがいない、と遠くからパラソルをみつけて住民は想像した。

骨董店の店主ハフェズさんがポンピドー夫人と知りあいになったのは、彼が経営する店の店先だった。ある日女性が店を覗きながら、コーヒーを入れる銀の道具が欲しいんだけど、と声をかけてきた。彼は来客中で、少しおまちくださ い、と。やがて、手がすいた彼は、その夫人が欲しがっている、銀器の詳細を聞き出し、数日中に手にいれてご自宅までお持ちしましょうと返事。彼女が差し出した名刺に驚いた。大統領の家の住所と同じ。もしかしたら、この女性は大統領夫人かもしれない、と不安がよぎる。そんな婦人を店先で椅子もさしださず待たせたのは失礼だった、と悔やむ。

数日後、恐る恐る名刺にあった住所にたどり着き、指定の銀器を収めてきた。対応は使用人だった。そのインテリアはどうだった、とある日聞いてみた。ポンピドーはモダンが好きで、彼が率先してパリに造った文化センターはモダンに捧げられた美術館だったからだ。彼の感想はイヤー、モダンというよりシンプルだったたね。絵画が沢山壁にかかっていた？　の質問にはクラシックが数枚だけ、とこれもまた予想に反した返答だった。

それにしても政治家の買い物で高額なものであればあるほど贈答品であることが多い。銀器も贈りものだった。それ以来、ハフェーズさんは上得意になったポンピドー屋敷に時々骨董品を届けたという。

夫の元ポンピドー大統領は六二歳の若さで亡くなったが、夫人は九三歳という長寿だった。サンルイ島ではずば抜けた長身（一八一㎝）だったから、遠くから頭だけで彼女とわかったが、選挙期間にも島の店先で運動するほど気さくな人物だった。サンルイ教会で行われた彼女の葬儀は、島の住人をはじめに、サンルイ教会はこれまで見たことも無いほどの参列者で溢れた。

フランスの大統領は未来永劫に名を残そうとして記念碑的な建物を建てる。フランスの大統領の名前が建物につくのは、本人の死後になることが多い。まず土地の名前があり、その後で個人名が。ロワシー空港からドゴール空港に、リシュリュー国立図書館は新たに新館を建設しフランソワ・ミッテラン館に、ケーブランリーはシラク博物館と。ポンピドー文化センターも、当初はボーブールという土地の名前で呼ばれてきた。

パリの街には、大統領だけでなく有名人の名前の通り、橋、駅などもある。しかし、「ナポレオン・ボナパルト」の名を持つ道や広場、大通りはない。ナポレオンの命令でつくった凱旋門にも彼の名前はない。左岸にある狭い小道「ボナパルト通り」を除いて。あまりにも負の遺産が多く、だれもが大手をふって名前を讃えることができないから、だという。

ちなみに、パリ市議会は一八七七年に「De la nomenclature des rues de Paris（パリの通りの命名法）」をつくり、「大衆の感情を傷付ける可能性のある政治的な名前は付けないこと」と取り決めている。

美術館の名前とは裏腹に、文化大臣だったアンドレ・マルローが、ニューヨークに移った芸術の都をパリに取り戻そうとして提案したのがポンピドー文化センターだった。すでに触れたように名前はポンピドーだが、長いことセンターは、土地の名前、ボーブールと呼ばれてきた。芸術の中心を取り戻す、という文化の被災が生んだセンターだったのだ。

5　ブルキナファソ、難民から植民地へ

モリタニア、セネガル、ギニア、コートジボワール、ベナン、マリ、ブルキナファソ、ニジェールなどのフランス語圏八カ国が西アフリカにあったフランスの植民地だった。フランス領連合体として、セネガルの首都ダカールで統治されていた。一九六〇年代に様々な運動があり、フランス共同体内の独立国となったが、その創立者だったドゴール大統領自身が共同体を消滅させたという複雑な地域だ。だが防衛・外交および安全保障、水の管理、教育関連、そして金融などでは関係を保ってきた。最近ブルキナファソには中国、ロシアの進出があり、フランス軍は撤退を余儀なくされ、その影響はうすれてきた。

西アフリカにあるブルキナファソの植民地からの独立は一九六〇年だった。北はマリ、東はニジェール、南東はベナン、トーゴ、南はガーナ、南西はコートジボワールと国境を接する内陸国で、首都はワガドゥグーだ。アフリカ最大の国際映画祭、通称フェスパコ（FESPACO）が一九六九年から二年

に一回開催され、アフリカのフランス語圏での映画祭の評判は高く多くの観光客が押し寄せた。

一九八九年、パリで搭乗したブルキナファソ行きの飛行便は、カイロで乗客が一日待つ、というハプニングがあった。たまたま隣のベトナム難民だった女性乗客とホテルで一緒に翌日の出発まですごした。彼女はマルセイユの近郊にあった大きなベトナム難民のコロニーで成長し、様々な仕事をしてきたが、ブルキナファソの、首都ワガドゥグーのホテル支配人になるの、と勇ましく将来を語る。彼女の親切にあまえて、友人の家に宿泊した。兄が元ルモンドの記者だったという女性の家だ。

ブルキナファソにはフランス国籍を得たベトナム人も多かった。銀行の支配人一家に紹介された。砂漠の真ん中にある住宅というのに、中庭にプール、そのまわりで大きなリクガメが遊び、緑豊かな住まいだった。彼はベトナム出身の銀行頭取にまで上り詰めた。

植民地のある国家は自国民をそこに住まわせる努力をする。もちろん、難民としてやって来た別の民族を住まわせることも多い。植民地に赴任した人びとをエクスパトリエ（expatrié）、と呼ぶが、本国よりも給与がいい。だからこそ国内で好まない職業につくよりも、高額な収入に引かれて植民地にでかける。難民だった他国民もまたフランスでは得られない待遇を期待するのは当然だ。

ベトナム女性に素敵な伴侶がみつかるといいね、と声をかけたら、「ここまでやって来る男性は本国には居られない人が多いの。警察に追われていたり、借金で首が回らなかったり、女とのいざこざからのがれたり、と問題ばかりよ」、と答えが帰ってきた。とはいえベトナムからの難民だったフランス国籍の人々は優秀だという。だが平和が訪れても、社会主義の祖国には戻ることはほとんどない。ホテル支配人になった彼女との連絡は途絶えた。ベトナム難民、フランス国籍、ブルキナファソ在住フランス人となったが、おそらくフランスに帰国したのだろう。

6　元セネガル大統領サンゴールの孫娘

パリの南に国際学生都市という、世界中の学生がつどう宿舎が建ち並ぶ小さな街がある。留学生ばかりの宿舎だから、あらゆる文化が交錯して見るもの、聞くものが珍しく、退屈する暇はない。フランスに到着したばかりの青年達は、故郷の文化を背負って、ここで暮らす。

日本学生のための宿舎、日本館は六〇年代は男子専用だったから、女子学生は別の国の宿舎に振り分けられた。オランダ館に住むことになったが、ケチなオランダ人館長の節約精神は暖房費をけずり、寒さに耐えかねて、イラン館に移った。寒いと訴えると、「わかりました。私が寒いと感じたら暖房を点けましょう」、と答えたオランダ館館長は八〇キロもある女性だった。

イラン館は、パーレビ王朝が自国の富みを見せびらかそうと、九階建ての鉄骨建築を注文し、ひときわ目立つ宿舎だった。もちろん冬の暖房は汗がでるほど。その地上階に喫茶店があった。この館の友人に笑顔の絶えないセネガル人がいて、ある日の午後、おばあさんが来るから見ていてねと言い置いて彼女はトイレに消えた。約束の時間がすぎてもそれらしい人影はない。戻ってきた彼女におばあさんは来なかったと告げると、笑いながら、いやねあそこに、と指さす。その指先には小柄な白い肌の婦人が座っていた。おばあさんは白人だった。そういえば友人の肌はすこしだけ白かった。

驚くと、「知らなかったの?」とまた笑いながら、おばあさんの素性をあかした。フランス政府は、植民地諸国との関係を円滑に進めようと、いや従順にフランスの方針に従い異論を唱えない指導者を必要とした。そのために女性を捧げたというのだ。つまりイスラム教徒は平等であるかぎり数人の妻を持つことができる。その一人にフランス女性が嫁入りした。おばあさんは貧しく特殊な宿で暮らし、その宿の主人が政府に推薦した、という。植民地政策には、多くの自国の女性の犠牲があった。

イラン館への訪問は、祖国フランスとセネガルを季節ごとに行き来して暮らしてきたおばあさんの、久々のフランスに留学した孫との逢瀬だった。

彼女は政治を学び、修士を終えてセネガルに帰ったが、彼女の祖父はセネガル大統領サンゴールだった。イラン館にやってきた小柄な婦人こそ、その婦人、コレットだったにちがいない。

女性を盾に植民地支配を円滑に、という手段は過去に遡れば世界の何処にでもあったことだが、まさか二〇世紀のセネガルの友人が、選ばれた女性の孫、という驚きはかくしようもない。

貧しさゆえに女性が選んだ道だった。だがサンゴール夫人は貧しい国から豊かな国へ、ではなかった。

12

いまだに続くベトナム難民

1　ベトナム難民三九名の酸欠冷凍死

二〇二三年一〇月、イギリスBBCの記者は、ベトナム難民がイギリスで冷凍車の中から救済を叫んだ、と報道した。彼女は二〇一九年の三九名の惨事を報告した記者でもあった。

イギリスBBC News Vietnamese, London（二〇二三年一〇月八日）の記者の報告によれば、「二〇一九年に三九人のベトナム人移民の死骸がトラックで発見されたというのに、またまたトラックからSOSが鳴り響いた。その発信者によれば、トラックはまだフランス国内にいるが、約束と違う方向に向きを変えた、と。冷凍車の内部は寒く、息苦しいとも。六人の女性が内部にいるが寒い」と。

彼女は幸運にも外部と連絡がつくSNSでBBCの記者に連絡できた。なぜこの記者に連絡があったのか、わからなかったが、恐らく二〇一九年の三九名のベトナム人がトラックの後部で死んだ記事を書いたからだったにちがいない。トラックはエクアドル産のバナナを運ぶもので、後部ドアは鉄のパイプで閉まっている、との情報も。

連絡をうけたBBCのジャーナリストはリヨンの北あたりとGPSでトラックの位置を確認し、フランスに住むジャーナリストと一緒に警察に連絡した。

このグループと一緒だったベトナム人女性三人は、なぜか直前に乗り込まなかったが、彼女達がその時トラックのナンバープレートを撮影していた。そのおかげで渡し屋、マフィアは捕まった。警察発表によればトラックはリトアニアからきたものだった。無事にロンドンまで連れてゆくという約束で乗り込んだ女性四人はベトナム人だったが、他の二人はイラク人だった。

二〇一九年の三九人の死者をだした渡し屋は、すくなくとも一三〇回は、ドイツ・ベルギーを経由して南東アジアからイギリスまで難民の輸送をしていた。その輸送手数料は一人あたり二四〇〇ユーロ（約三八四万円）だった。三九人はベトナムの貧しい家庭から送り出された若者達だった（Europol 2021.5.31）。

2　なぜイギリスを目ざす

いまなぜベトナムの若者がイギリスをめざすのか。植民国だったフランスへの移民のほうが確実にちがいないのに、なぜ命をかけてまでイギリスを選ぶのか。少し前までは彼らは国家間の契約で台湾、韓国、そして日本を選んでいた。

前述のとおり、イギリスのＥＵ離脱が国民投票で可決されたのは二〇一六年だった。イギリスは多くの国からの人と物の自由な出入国を拒み、ドーバー海峡を渡るのが至難になった。ＥＵ離脱で景気の後退に不安を感じた先端の技術者はもちろん、医師、看護婦、労働者さえいなくなり、イギリスはそれにかわる労働力を必要とした。それがベトナム人をイギリスへと向かわせた。いや貧しい国の若者の憧れの就職先になった。

3　ロシア経由の渡し屋：マフィア

アジアからイギリスへの渡し屋、マフィアにはロシア派と中国派がいるようだ。ロシア派の手口は以下の逮捕からうかがうことができる。

二〇二一年五月、ドイツとスロバキアの国境地帯で不法にヨーロッパに越境しようとするベトナム人の渡し屋三人が逮捕された。近くの町にある住宅を捜索した結果、渡し屋は、そこにかくまわれていたベトナム出身の二五〇名を一人一万三〇〇〇から二万一〇〇〇ユーロで（約二〇〇万円から三三一万円）で越境させるつもりだった。ベトナム人の越境ルートは、かつてのソビエトの領土と中国経由が多い。ソビエト経路はロシア、ウクライナ、ベラルーシ、ポーランド、そしてドイツ、ベルギー、フランス。そしてフランス最北端のカレに着き、ここでイギリスを目ざす。この渡し屋のマフィアはスロバキアにある様々な企業で偽の書類を作らせ、ヨーロッパ側での就労許可がでたように仕組み、ドイツへの入国を試みる。

いったんヨーロッパ側に入った難民は車でドイツを通るが、難民は自分の荷物を組織の手に渡し、費用の全てが支払われて初めて荷物は難民の手にもどることになっていた。

4　カレ、フランスの北端で

フランスとイギリスを隔てるドーバー海峡の最も狭いところで三四キロ。だからカレはイギリスに最も近い街の一つであり、イギリスに渡る海底トンネルの入口でもある。だからここに難民は集まり、チャンスを窺う。二〇二二年に小型ボートでドーバー海峡を越えイギリスに到着した人数は、四万五七五五人という膨大な数だった。イギリス政府はこれに対応しかね、法律を改定し、不法に入国した難民をアフリカのルワンダ（アフリカにあるイギリス連邦の一つ）に移送する、という法律を作った。それと同時にフランスのカレで難民を厳しく管理できる施設を新たにつくるよう、イギリスとフランスの二国間で協議したほどだった。

メディアを賑わす赤いライフジャケットでボートに乗るアフリカ出身者とはちがい、カレでのベトナム難民は目立たない存在だった。というのは、ボートではなく、高額だがトラックでの移動を選ぶからだ。ここ十数年で定期的にイギリスというエルドラドを目ざして、越境する若者が増え続けた。

ベトナムからの難民は、フランス最北端のダンケルクにあるベトナム村と名付けた小さな村でチャンスを待つ。当然パリにもベトナム村がある。お金があればホテルで数日待ち、渡し屋の手引きでトラックに乗り込む。調査によれば一年かけて四二回もフランス警察に逮捕され、やっとイギリスに着いた難民さえいる。彼らのほとんどは一五から二四歳のベトナム北部の貧しい農村地帯の出身だ。彼らがイギリスに憧れる理由はたった一つ、イギリスには素晴らしい生活があるよ、とささやく広告がベトナムのネット上であふれているからだ。
とはいえイギリス側は、近代的な奴隷とも言うべき仕事、あるいは麻薬関連の仕事に就労する危険がある若年の難民がふえることを好まない

5 四つの手段。渡し屋、マフィアの収入

不法に難民がイギリスに渡る最終手段は四つある。①ゴムボートで、②ユーロトンネルを歩いて、③ユーロトンネルを運行する船の列車に乗り込むトラックの荷物になって、そして、④ドーバー海峡を運航する船に乗るトラックの荷物にまぎれて、と。

ゴムボートの席だけでも一人一五〇〇ユーロ（約二四万円）だった。首謀者マフィアにはいくつかの派閥があり、彼らは武装し発砲さわぎになることもあるほどだ。マフィアの年収は、一億ユーロ（約一六〇億円）とさえ言われるほどだ。彼らは麻薬取引のグループと似たピラミッドのような組織だ。移民希望者を海辺に引率する係、森に隠れて難民を探してグループをつくる係、中国にゴムボートをネットで生産予約する係、ドイツに配送されたボートを直接ドイツまで受け取りに行きフランス国内に隠して、パドカレの浜辺まで持ってくる係、と分業だ。

かつて渡し屋は難民と一緒にボートに乗ったが、いまやＢＭＷで移動する。二〇一九年の惨事は国際的な騒ぎになった。日本の「ＧＬＯＢＥ＋」（二〇二一年六月一六日）で記者は、冷蔵庫で亡くなったベトナム女性の家族を尋ねた記事を掲載した。その記事によれば、彼女は日本で技能実習生だった。

帰国後四カ月にしてイギリスへの密航を試み、ハノイ行きのバスにのり、ハノイで数時間休み、中国に行く車に乗り換え、中国で一〇日過ごし、その間にブローカーから偽のパスポートを手に入れ、空路でパリへ。フランス側のブローカーの手配でイギリスへ車で密航したが、ロンドン近くで警察に捕まり、フランスに送り返された。二回目の密航は、他の三八人のベトナム人と一緒にコンテナーに入り、ベルギーの港からコンテナーにのったまま船でイギリスに向かい上陸し、イギリスを走っている路上でアイルランド人マフィアがコンテナーの中の酸素不足に気がつき、扉を開けたらすでに全員が酸欠で死亡していた、という惨事だった。

警察は中国のパスポートを持っていたので、中国人かとおもったが、車のなかからＳＭＳでベトナムへの送信があることがわかり、ベトナム国籍と判明した、という。

6　渡し屋、借金とマフィアへの支払い

日本に技術研修にきて、送金で家計を助けたはずが、なぜまたイギリスへの密航を計画したのか、といえば日本に渡航するまでに多額の手数料をブローカーや、人材派遣会社に支払う必要があり、それを両親が借金でまかなったからだった。借金が相殺されないかぎり出稼ぎが止むはずがない。たとえ不法な手段だったとしても。

不法滞在でも、ネイルサロンで簡単に仕事が見つかり、年収は三〇〇万円前後で日本より高い、と先輩の情報があった。最初の日本行きの借金で困窮した両親を前にして、彼女は再度イギリスを選ん

たからだ。アジア人が働くネイルサロンとヨガ、スパサロンなどがパリに多くなったのは一〇年ほど前だったから、おそらくイギリスでもベトナム女性好みに映る就労の場が生まれたのだろう。

イギリス行きの広告は数限りなくあるという。業者は特別ルートという飛行機と車を乗り継ぐルート、そして格安の中国の山岳地帯を徒歩で、というルートを提案する。ただしベトナム国内で支払うのは、フランスまでの二四〇万円、フランスからイギリスへ入国した時点で、別の成功報酬を支払う。ベトナムから日本への技術研修生も、一〇〇万円以上の手数料を支払っての就業だ。つまり日本の技能実習生も借金をかかえて、負債からの就労なのだ。

どれだけ厳しく取り締まったところで彼らは次々とイギリスに押し寄せるだろう。渡し屋の資金源となり、難民にとって祖国にはない希望がみえるかぎり。アメリカ軍撤退の五〇年後に、ベトナムの若者は、難民となってもイギリスを目ざす。いや地球上に富の格差が広がる限り、貧しさから逃れて、豊かさを求める若者は後をたたない。

おわりに

「世界は前よりも貧しい」と語るフランス人哲学者、エドガー・モランは日刊紙『ル・モンド』（二〇二三年七月二九日）で現在と未来の危機を説く。「思考の危機」「医療の危機」「政治の危機」「聖なるもの危機」「エコロジーの危機」「家族の危機」「学校教育の危機」「フランス人の危機」と。一九六八年の運動で先頭にたったモランはいまでも文明の危機は続き、その到来は家族、村、近隣、というかつての連帯が消え個人主義になったこと。しかも夢だった共産主義も社会主義も中身が空っぽになり、その空白を埋めるものは何もない、とも。

さらに「未来は不確実性の中で生きているから、危機とともに居ることを忘れてはならない」「認識は誤りを犯すリスクなしでは成立しない。しかし、誤りは、それと認識され、分析され、乗り越えられたとき、ポジティヴな役割を演じる」とまちがいを認め、変わることを恐れないこと、そしてなにげない美しいものに心を開く「詩的な感動」こそが、人生に真の喜びをもたらす、とも付け加える。

二〇一九年にトラックの冷凍庫に入ってドーバー海峡を渡り、凍死した三九人のベトナムの若者の不幸は、ソビエトの崩壊が示すように、夢にみた政治思想がベトナム人民を幸せにできなかった結果だった。いやもちろん、どんな経済システムになろうと世界中の経済格差はますますひろがり、若者は豊かさを求めて祖国を後にする。日本の若者もまた、まもなく国外に飛び立つだろう。

最後に、この出版を快諾してくださった緑風出版の高須ますみ様に心から感謝を申し上げます。

二〇二四年一月十日

[著者略歴]

竹原あき子（たけはら　あきこ）

1940年静岡県浜松市笠井町生まれ。工業デザイナー。1964年千葉大学工学部工業意匠学科卒業。1964年キャノンカメラ株式会社デザイン課勤務。1968年フランス政府給費留学生として渡仏。1968年フランス、Ecole nationalesuperieure des Arts Décoratifs。1969年パリ、Thecnes デザイン事務所勤務。1970年フランス、パリ Institut d'Environnement。1972年フランス、EcolePraique des Hautes Etudes。1973年武蔵野美術大学基礎デザイン学科でデザイン論を担当。1975年から2010年度まで和光大学・芸術学科でプロダクトデザイン、デザイン史、現代デザインの潮流、エコデザイン、衣裳論を担当。現在：和光大学名誉教授、元：長岡造形大学、愛知芸術大学、非常勤講師。

著作；『立ち止まってデザイン』（鹿島出版会、1986年）、『ハイテク時代のデザイン』（鹿島出版会、1989年）、『環境先進企業』（日本経済新聞社、1991年）、『魅せられてプラスチック』（光人社、1994年）、『ソニア・ドローネ』（彩樹社、1995年）、『パリの職人』（光人社、2001年）、『眼を磨け』（平凡社、監修2002年）、『縞のミステリー』（光人社、2011年）、『そうだ旅にでよう』（2011年）、『原発大国とモナリザ』（緑風出版、2013年）、『街かどで見つけた、デザイン・シンキング』（日経ＢＰ社、2015年）、『パリ、サンルイ島―石の夢』（合同出版、2015年）、『パリ：エコと減災の街』（緑風出版、2016年）、『袖が語れば』（緑風出版、2019年）、『竹下通り物語』（2020年）

翻訳：『シミュラークルとシミュレーション』（ジャン・ボードリヤール著、法政大学出版局、1984年）、『宿命の戦略』（ジャン・ボードリヤール著、法政大学出版局、1990年）、『louisiana manifesto』（ジャン・ヌーヴェル著、JeanNouvel、Louisiana Museum of Modern Art、2008年）
共著：『現代デザイン事典』（環境、エコマテリアル担当、平凡社、1993年～2010年）、『日本デザイン史』（美術出版社、2004年）

パリから見《み》た被災《ひさい》の世紀《せいき》

2024年2月25日　初版第1刷発行　　定価1,800円＋税

著　者　竹原あき子©
発行者　高須次郎
発行所　緑風出版
〒113-0033　東京都文京区本郷2-17-5　ツイン壱岐坂
［電話］03-3812-9420　［FAX］03-3812-7262［郵便振替］00100-9-30776
［E-mail］info@ryokufu.com［URL］http://www.ryokufu.com/

装　幀　斎藤あかね
制　作　R 企 画　　印　刷　中央精版印刷
製　本　中央精版印刷　　用　紙　中央精版印刷　　E1000

　ISBN978-4-8461-2401-4　C0036

◎緑風出版の本

■全国どの書店でもご購入いただけます。
■店頭にない場合は、なるべく書店を通じてご注文ください。
■表示価格には消費税が加算されます。

袖が語れば
Si on parlait de Manches
竹原あき子［著］
A5判上製
二二四頁
3600円
着物の袖は、平安時代は床に届くほど華麗で長かったが、近代になるにつれ筒袖になった。その袖に導かれて奈良、長安、サマルカンド、コンスタンチノーブル、フィレンツエに旅した。日仏同時出版の袖をめぐる注目の文化史。

パリ・エコと減災の街
竹原あき子［著］
四六判上製
二〇四頁
2500円
二〇二一年ドラノエ市長が誕生、パリは大規模開発から環境重視へと舵をきり、中心部に低所得者住宅、空き地に坪庭など、セーヌを中心に緑化・エコ・福祉の街へと改造されつつある。最新の都市デザイン政策をレポート。

原発大国とモナリザ
フランスのエネルギー政策
竹原あき子［著］
四六判上製
二〇八頁
2200円
巨大な官僚主義と利権企業が原発を取り巻くフランスと日本。「モナリザ」を筆頭に美術館貸与の見返りに原子炉の輸出をもくろむフランス。一方で、再生エネルギーの生産にも意欲を燃やす。エネルギー戦略の現状と転換をルポ。

バウハウス
モダンデザインの源流
竹原あき子［著］
四六判上製
三三二頁
2800円
第一次世界大戦の敗戦国ドイツから立ち上がったモダン・デザインの工芸美術学校、バウハウス。モダン・デザインの思想と教育指針を世界中に広め、いまだ世界のデザインに影響を与えている。その一〇〇年の軌跡を追う。